딱 **21일**, 인스타로 신규 문의 받기까지!

그래서
학원 인스타

Instagram

그래서노벰버 & 제이달 지음

대경북스

그래서 학원 인스타

1판 1쇄 인쇄 2024년 4월 1일
1판 1쇄 발행 2024년 4월 3일

지은이 그래서노벰버 & 제이달

발행인 김영대
펴낸 곳 대경북스
등록번호 제 1-1003호
주소 서울시 강동구 천중로42길 45(길동 379-15) 2F
전화 (02)485-1988, 485-2586~87
팩스 (02)485-1488
홈페이지 http://www.dkbooks.co.kr
e-mail dkbooks@chol.com

ISBN 979-11-7168-036-8 03320

프/롤/로/그

"인스타그램, 사진 한 장 올리고 글 좀 쓰면 되는 거 아니에요?"

학원 인스타그램(이하 인스타)을 막 시작하는
원장님들이 자주 하시는 말씀입니다. 실제로
많은 원장님들이 '인스타는 쉽다'고 생각하세
요. 하지만 학원 인스타를 실제 운영해 보면 일
주일만 지나도 전혀 다른 이야기를 하십니다.

"학원 인스타 계정에 무슨 게시물을 올려야 할지 전혀 모르겠어요."
"학원 인스타라 그런지 팔로워 모으기가 너무 어려워요."
"눈에 띄는 카드뉴스를 만드는 게 정말 어려워요."

인스타는 개인이 사용하기에는 정말 쉽고 재미있는 SNS입니다.

하지만 신규생을 모아야 하는 학원 입장에서는 정말 어려운 SNS에요. 다른 인스타 유저들이 올리는 예쁘고 멋진 사진들과 흥미로운 콘텐츠들 사이에서 내 학원 콘텐츠가 사람들의 눈길을 끌어야 하기 때문입니다. 더군다나 인스타 초보 원장님들이 자주 올리는 '교재, 교실, 학생 사진'으로는 더더욱 사람들의 눈길을 끌기 어렵습니다. 그럼에도 좋은 소식은 있습니다. 예전 인스타는 개인 간의 소통 중심이었지만, 이제는 정보성 피드로도 인스타 운영이 가능하거든요.

하지만 어렵다고 해서 긴장하지는 않으셔도 됩니다. 저와 함께 인스타 코칭 과정을 참여하시는 초보 원장님들도 3주, 다시 말해 21일만에 인스타 프로필을 정비하고 멋진 인스타 포트폴리오도 완성하며, DM으로 문의를 받는 경험을 하기도 하니까요. 아직 학원 홍보를 위해 인스타를 제대로 갖추지 않으셨다면, 딱 21일간 집중해 보세요.

이 책은 학원 인스타 운영에 어려움을 겪고 계신 원장님들을 위한 책입니다.

이 책을 통해 여러분은 다음의 내용을 알게 될 거예요.

⌣ 인스타가 가진 특성과 로직을 이해할 수 있게 됩니다.

⌣ 그에 맞추어 학원 계정을 운영하는 법을 알려드립니다.

⌣ 잘 되는 학원 인스타의 특징을 살펴봅니다.

⌣ 최종적으로 어떻게 해야 내 인스타 계정이 신규 모집에 도움이 될지 알게 됩니다.

미리 알려드리면, 본 책에서는 인스타 사용에 대한 기술적인 내용은 담지 않았습니다. 예를 들어 타인 소환하기, DM 보내기, 게시물 공유하기, 하이라이트 세팅하기 같은 기술적인 부분들이요.

하지만 이 책에서는 어디에서도 알려주지 않는, 학원 인스타 마케팅 팁을 담았습니다. 피드 하나하나에 적용 가능한 디테일한 기술적 팁보다는 계정 전반에 적용시킬 수 있는 큰 줄기를 잡아주는 마케팅 팁을 드립니다.

또한 '학원 인스타'라고 표현했지만 여기서 알려드리는 마케팅 팁은 피트니스, 요가, 원데이 클래스, 공방 등 신규 학생 모집이 필요

한 모든 곳에서 적용 가능한 팁입니다. 모객이 필요한 소상공인분들
께도 도움이 되는 정보일 거예요.

원장님의 인스타가 신규 모집을 불러오는 그 날까지,
화이팅입니다.

차/례

제3장 해시태그와 릴스 완전정복_ 73

제4장 학원 인스타, 더 잘해내고 싶다면_ 99

제5장 인스타 노출 알고리즘_ 131

제6장 인스타의 핵심은 광고에 있다_ 155

제7장 모르면 후회하는 추가 기능들_ 213

Instagram

제1장

애증의 인스타그램

"저 진짜 인스타 잘하거든요. 보세요. 제 개인 계정인데 팔로워가 6천 명이에요. 심지어 이 계정은 아무것도 안 해도 팔로워가 쭉쭉 늘어요. 그런데 제 학원 계정은 팔로워가 100명도 안 돼요. 진짜 왜 이런지 모르겠어요."

도지나 원장은 정말 모르겠다는 얼굴로 핸드폰을 내밀었다. 실제 도 원장의 개인 인스타 계정은 팔로워가 6천 명, 그리고 예쁜 사진들로 가득 차 있었다. 하지만 학원 인스타는 달랐다. 팔로워 71명, 교재 사진과 열심히 공부하는 학생들의 뒤통수 사진으로 가득 차 있었다.

"원장님, 팔로워뿐 아니라 계정의 느낌도 완전 다르네요. 솔직히 말씀드리면 학원 인스타그램 계정은 인스타가 아니라 전단지 같아요. 그것도 성의 없이 막 만든 전단지요."

도지나 원장의 얼굴이 더 모르겠다는 표정으로 바뀌었다.

"개인 계정은 딱 봐도 3초 만에 팔로우하고 싶은 계정이에요. 열정적으로 하루를 살아가는 멋진 커리어 우먼의 일상을 볼 수 있는 계정이에요. 이 사진은 정말 흥미롭기까지 한데요.

하지만 학원 계정을 보세요. 날짜만 다르지 다 똑같은 사진이에요. 교재 커버 사진, 교재 열어서 찍은 사진, 교재 쌓아 놓고 찍은 사진…. 학생들 사진도 얼굴은 하나도 없고 뒤통수만 있네요. 물론 학생들 초상권 때문에 이렇게 올리신 건 알겠지만 이렇게 재미없는 사진을 누가 좋아할까요? 팔로우한다는 건 이 계정의 사진을 더 보고 싶다는 뜻인데, 원장님 학원 계정은 더 보고 싶지가 않아요. 어차피 교재 사진 아니면 홍보성 이미지만 잔뜩 올라올 텐데요."

도지나 원장의 얼굴에 깨달음이 스쳤다.

"아…, 진짜 그렇네요. 제가 봐도 다 똑같아 보여요. 막상 이 사진들을 올릴 때는 열심히 하는 학생들이 대견스럽고 자랑스러워서 올렸는데, 지금 보니 다 똑같네요. 전단지 같다는 말씀이 뭔지 알겠어요."

학원 인스타는 다르다

학원 인스타, 잘하고 싶으신가요?

인스타로 신규생 문의가 막 들어왔으면 하시나요?

그런데 인스타를 하면 할수록, 뭔가 이상하고 어려운가요?

학원 인스타는 개인 인스타와 달라요. 그리고 요식업, 유머, 쇼핑몰 등의 계정과도 다릅니다. 대부분의 원장님들은 이 차이를 구분하지 못한 채 학원 인스타를 운영합니다. 시간과 노력은 적잖이 투입되는데 신규 모집이라는 성과는 없으니, 다들 난감해 하며 이렇게 외치죠!

"인스타는 어려워요!"

음식점과 카페 계정은 예쁜 사진과 전략적인 해시태그 사용으로 많은 사람들을 유입시킬 수 있어요. 보통 사람들은 음식점이나 카페를 검색할 때 **#합정맛집 #홍대카페** 같은 해시태그를 검색한 후, 사진을 보고 좋아 보이는 곳으로 가기 때문이에요. 심지어 음식점과 카페는 방문한 고객들도 사진을 올려줍니다. 내 계정은 엉망이라도 고객들이 사진을 잘 올려주었다면 그걸 보고 손님이 유입될 수 있어요.

요새 흔히 보이는 유머 계정은 더 쉽습니다. 사람들의 눈길을 끌 만한 강렬한 콘텐츠만 올리면 됩니다. 심지어 이 계정들은 인터넷에서 많은 사람들이 반응한 글을 보기 좋게 짜깁기해서 올리거나 유명한 밈을 재가공해서 올리는 경우도 많아요. 이 계정은 팔로워들을 모으기만 하면 되기 때문에 상대적으로 운영이 쉽습니다.

쇼핑몰 계정은 앞에서 설명 드린 계정들보다는 운영이 어렵습니다. 자신의 브랜드 색을 지속적으로 알려야 해요. 내 상품의 좋은 점을 최대한 어필하고, 내 상품이 필요한 사람들에게 적극적으로 다가가야 하죠. 하지만 보통 쇼핑몰은 상품 사진을 찍는 사진사도 있고 마케터도 있어서 고퀄리티의 사진을 올리고 고객의 마음을 움직이는 글을 잘 써냅니다. 나와 결이 맞는 소비자만 찾는다면 팔로워를 모으기도 쉽고, 구매로 이어지는 경우도 많습니다.

그런데 학원 계정은 어떨까요? 일단 학원 계정은 천성적으로 팔로워를 모으기 어렵습니다. 쇼핑몰처럼 감성적이거나 퀄리티가 좋은 사진도 없고, 나 대신 멋지게 피드를 운영해 줄 전문 마케터도 없어요. 카페나 식당처럼 내 학원 관련 피드를 대신 올려줄 학생이나 학부모도 없습니다. 또한 '교육'을 제공하는 학원의 특성상 유머 계정처럼 강렬한 콘텐츠를 올리기도 어렵습니다.

무엇보다 학부모나 학생이 학원 인스타 계정과 소통하는 경우도 많지 않아요. 여러모로 악조건을 가지고 있죠. 이런 악조건을 가진 와중에 원장님들은 재미없는 사진들만 올리십니다. 교재 사진, 학원 간판 사진, 학생들 뒤통수 사진, 강의 시연 영상 등 재미도 없거니와 뻔한 게시물들이 계속 올라옵니다. 원장님의 학원 계정이 신규 모집은 커녕 팔로워도 모으기 어려운 이유입니다.

사실 팔로워가 많은 것과 신규 모집은 조금 다릅니다. 팔로워가 많지만 신규 모집이 안 될 수도 있고, 팔로워는 적지만 신규 모집은 잘될 수도 있습니다. 특히 학원은 학원 이름으로 검색하면 쉽게 인스타 계정을 찾을 수 있기에, 팔로우는 하지 않고 DM으로 상담만 하거나 학원에 등록할 수 있습니다. 그리고 학원에 등록하고 싶은 분들도 팔로우를 하지 않고, 그때그때 계정에 들어가 정보를 살펴볼 수 있어요.

이 책에서는 인스타로 신규 문의를 받을 수 있는 기반을 만드는 방법을 알려드릴 예정입니다. 방금 말씀드린 것처럼 팔로워를 모으는 방법을 중점적으로 알려드리지는 않아요. 팔로워를 모으는 것과 신규 모집을 하는 것은 다르다는 것을 꼭 기억하세요. 내 학원의 좋은 이미지를 쌓고 브랜딩을 강화하는 기본기를 갖추셔야 합니다.

인스타, 꼭 해야 할까?

여기까지 읽은 원장님은 이런 생각을 하셨을 겁니다.

'이렇게까지 악조건인데, 굳이 학원 인스타를 운영해야 하나?'

네, 하셔야 합니다.

학원 인스타를 운영해야 하는 이유는 여러 가지가 있지만 가장 큰 이유는 고객이 여기에 모여 있기 때문이에요.

학기 초에 원장님들이 인근 학교 앞으로 나가 부지런히 판촉 홍보를 하는 이유는 뭘까요? 거기에 내 고객이 될 수 있는 학부모들과 학생이 있기 때문이에요. 학교 앞에서 눈도장도 찍고 학원 홍보도 하는 것처럼 인스타도 마찬가지예요. 인스타를 통해 학원 정보를 찾는 사람은 소수지만, 원장님의 고객에 거기에 모여 있다는 것은 자명한 사실이에요. 인스타란 공간에는 내 고객을 만날 수 있는 수많은 기회가 있습니다.

인스타그램은 전세계적으로 많은 유저를 보유하고 있습니다. 'Instagramable(인스타그램에 올리기 좋은)'이라는 신조어를 만들어낼 만큼 유명한 소셜 미디어죠. 한국에서도 10대~40대를 통틀어 1,400만 명 이상이 사용할 정도로 많은 유저를 가지고 있습니다.*

특히 한국에서 인스타는 '감성 사진'과 '맘스타그램'이라는 단어가 따라다닐 정도로 여성들이 애용하는 소셜 미디어로 각광받고 있습니다.

유초등 대상의 학원을 하고 있다면, 인스타를 꼭 하세요. 30~40대 여성들이 많이 이용합니다.

중고생 대상의 학원을 하고 있다면, 인스타를 꼭 하세요. 10대의 아이들의 많이 이용합니다.

20~30대 성인 대상의 학원을 운영하고 있다고요? 그러면 더욱 인스타를 해야겠죠. 원장님의 잠재 고객들이 인스타의 주고객층이니까요.

그럼 또 이런 생각이 드실 겁니다.

'굳이 원장인 내가 인스타를 해야 하나? 나이가 어린 다른 직원을 시키거나 대행사 같은 곳에 외주를 맡기는 게 낫지 않을까?'

아닙니다. 원장님이 직접 계정을 운영하시는 것이 더 좋습니다.

---

* 자료 출처 : 닐슨 코리안클릭(2021.04), 2021년 1분기 포털 & SNS 보고서

만약 교실 내에서 진행되는 교육과 커리큘럼을 잘 이해하고, 학부모 상담에 어려움이 없으며, 개인적으로도 인스타를 잘 운영하는 감각적인 젊은 직원이 있다면, 원장님 대신 인스타그램을 운영하는 것이 좋은 대안이 될 수 있습니다. 하지만 대부분의 경우에 원장님이 직접 운영하시는 것이 더 좋은 효과를 가져오더라고요.

앞에서도 말씀드렸다시피 학원 인스타는 개인 인스타와 달라요. 내 고객들의 마음을 움직이고, 학원에 대한 좋은 이미지를 쌓아야 합니다. 내 교육을 가장 잘 이해하고, 내 지역 학부모들을 가장 잘 이해하는 사람은 바로 원장님입니다. 누구나 할 수 있는 얕은 이야기가 아니라 속 깊은 이야기로 학부모들의 공감을 받고, 학생들의 발전과 성과를 가장 정확하게 알릴 수 있는 사람은 원장님이기에 원장님이 인스타그램을 직접 운영하시는 것을 추천합니다.

반면 대행사를 이용해 인스타그램을 운영하는 것은 추천하지 않아요. 대행사에서 특정 주제로 카드뉴스를 만들어 주거나 인스타그램 광고 시안을 만들어 주는 것은 도움이 될 수 있습니다. 하지만 전체 계정을 운영 대행하는 것은 어렵습니다. 특히 교육 서비스업에 대한 이해가 없는 일반 대행사들이 학생과 학부모의 공감을 사는 계정을 만들기란 결코 쉽지 않습니다.

결론은, 인스타 하세요. 그것도 원장님이 직접 하세요.

　내 학원 현장의 이야기를 속속들이 알고 계신 원장님이 인스타를 직접 운영하셔야 가장 효과가 큽니다. 인스타에 필요한 기술들은 배우면 됩니다. 하지만 학생들과 학부모들을 이해하고 그들을 움직일 수 있는 것은 원장님밖에 없어요. 인스타, 해 보면 은근 재미있고 성취감도 느끼실 거예요.

"왜 학원 인스타를 운영해야 하는지는 알겠어요. 원장인 제가 직접 운영해야 한다는 것도요. 그런데 솔직히 학원 인스타를 어떻게 해야 할지 모르겠어요. 왜들 반응이 없을까요?"

도지나 원장의 얼굴에는 의아함이 가득했다.

"하하하. 그 궁금증 충분히 이해됩니다. 제 주변 원장님들도 개인 계정을 잘 운영하시는데, 학원 계정은 잘 운영하지 못하시는 분들이 많아요. 왜 그럴까요? 한번 저랑 같이 인스타에서 학원 계정들을 검색해 보고 이야기해 보실래요? 직접 눈으로 보시면 감이 오실 거예요."

도지나 원장은 핸드폰을 꺼내 인스타에서 학원을 검색했다. 영어 학원, 수학 학원이라는 태그로 검색하기만 해도 수많은 사진, 영상, 계정들이 보였다.

"자, 원장님 보세요. 이런 학원 어때요? 아이를 보내고 싶나요?"

도지나 원장은 눈을 크게 뜨고 핸드폰을 들여다 보았다. A 학원 인스타그램 계정에는 전단지 사진이 가득 올라와 있었다. 인쇄소에서 보내 온 학원 전단지 시안 확인용 jpg 파일을 그대로 올려놓은 듯한 느낌이었다.

사진 퀄리티는 좋았지만 무언가 마음에 들지 않았다.

"와…, 이 원장님은 진짜 전단지를 올리셨네요. 전단지가 있으니까 커리큘럼은 잘 알겠는데…. 뭔가 스팸 계정 같아요. 그리고 학원 시설이 어떤지, 실제로 학생들이 어떻게 공부하는지도 모르겠고요."

"그럼 이 계정은 어떠세요?"

 B영어학원   ⋯

도원장이 보고 있는 화면에 B학원에서 올린 게시물이 띄워졌다. 6~7살쯤 되어 보이는 여자 아이가 자신이 그린 듯한 지구의 날 포스터를 들고 "Treat the Earth with Kindness!"라는 구호를 외치고 있는 짧은 영상이었다.

"마스크를 썼는데도 아이의 표정이 밝고 사랑스러운 게 느껴져요. 유치부 같은데 영어도 잘하고, 그림도 잘 그리고. 근데 아이 뒤에 책들이 진짜 많네요. 와…, 저 정도 책이면 여기 원장님 돈 많이 쓰셨겠는데요."

"원장님이라 그러신지 책장을 대충 보기만 해도 계산이 되시나 보네요. 아마 학부모님들이라면 같은 말을 다르게 표현하실 거예요. '여기 원장님은 교육에 투자를 많이 하시나 봐요'라고요."

도지나 원장의 눈에 들어온 것은 영어로 발표를 하는 아이 뒤로 보이는 책장이었다. 바닥부터 천장까지 연결된 책장에는 어린이 도서로 보이는 책들이 잔뜩 꽂혀 있었다. 책이 많기도 했지만, 얼핏 봐도 잘 관리하는 책이라는 것이 느껴졌다.

"정말 그렇네요. 책이 저렇게 많다는 건 원장님이 아이들의 교육에 투자를 많이 한다는 뜻이고, 학부모님들이 보기에는 열정적으로 아이들을 가르치는 선생님으로 보이겠네요."

"네 맞아요. 이 원장님은 분명 일부러 이 책장 앞에서 영상을 촬영해 올리셨을 겁니다. 책장을 전면에 내세워 자랑하기보다 드라마 PPL하듯 간접적으로 노출하신 거예요. 게다가 영상 속 아이가 주는 밝음과 사랑스러움이 더해지니 이 영상은 학원 홍보 영상이 아니라 보기만 해도 흐뭇한 영상이 되었어요. 원장님이 보시기에는 이 영상이 학원 홍보 영상으로 느껴지셨나요?"

"아니요. 전혀 그런 생각은 하지 않았어요."

내 학원 인스타가 망조인 이유

지금 당장 원장님의 학원 인스타그램을 살펴보세요. 도지나 원장처럼 뻔한 사진만 올리고 계시지는 않나요? 혹은 A 학원처럼 전단지만 잔뜩 올려두진 않으셨나요?

실제 인스타 초보 원장님들이 많이 올리시는 피드들을 뽑아 봤습니다. 원장님의 학원 피드가 여기에 포함되지 않는지 확인하세요.

🔘 홍보 느낌이 가득한 피드

▽ 교재, 판서, 간판 등의 사진을 반복하는 피드

▽ 실제 전단지를 스캔하여 올려놓은 피드

▽ 학원 커리큘럼, 시간표 등만 반복해 올리는 카드뉴스 피드

🔘 성의 없는 피드

▽ 사진 1장에 본문 텍스트 1줄인 성의 없는 피드

▽ 저화질의 사진(어둡거나 초점이 맞지 않는 등)을 올린 피드

▽ 길이가 길고 지루한 영상을 편집 없이 올린 피드

▽ 해시태그를 하나도 쓰지 않은 피드 (*이 부분은 추후에 설명하겠습니다)

📷 단번에 이해하기 힘든 피드

▽ 무엇을 말하는지 알아듣기 힘든 영상을 올린 피드

▽ 내용이 너무 많고 글자 크기가 작아서 읽기 힘든 카드뉴스 피드

▽ 디자인, 레이아웃, 폰트 등 가독성이 떨어지는 카드뉴스 피드

▽ 어려운 단어를 잔뜩 사용해 해독하면서 읽어야 하는 피드

📷 기타

▽ 사회 통념적으로 교육자에게 맞지 않는 피드(술, 담배 등)

인스타 초보 원장님들이 하는 실수 중 가장 큰 것은 성의 없이 피드를 올린다는 거예요. 인스타에 뭔가 올리기는 해야겠는데 뭘 올려야 할지는 모르겠고, 시간에 쫓기듯 '에라 모르겠다'하고 사진을 올리다 보니 고객의 호응을 받지 못하는 피드를 올리게 되는 거예요.

혹은 내 학원의 커리큘럼과 교육을 잔뜩 보여주고 싶은 욕심에 홍보 느낌이 가득한 피드들을 자꾸 올리게 됩니다. 이럴 때는 주로 학생

들 사진이나 영상을 계속해서 올리게 되죠. 비슷한 영상이 반복되다 보니 타인의 입장에서는 피로감을 느끼게 돼요.

개인 계정에서 예쁜 것을 발견하면 사진을 찍어 바로 바로 인스타에 올리는 것처럼, 학원 계정에 아무런 기획 없이 아무 게시물이나 바로 업로드하기에 벌어지는 일입니다.

학원 인스타를 잘 운영하시려면, 꼭 기억하세요. 원장님을 위한 피드가 아니라 고객을 위한 피드를 올려야 한다는 사실을요! 이것만 기억해도 피드를 올릴 때 원장님의 생각도 달라질 거예요. 과연 이 피드가 고객의 호응을 받을만한 내용인지 아닌지….

잘되는 학원 인스타 계정, 다 이유가 있다

　잘 운영되고 있는 학원 인스타그램 계정('잘되는 학원'의 인스타 계정이 아닙니다)을 살펴보시면 공통점이 있습니다. 그들은 대부분 학원 홍보를 전면에 내세우지 않습니다. 전단지 이미지나 학원 홍보 영상 대신, 예쁜 사진과 귀여운 영상 혹은 함께 웃음 짓거나 공감할 수 있는 게시물들이 올라옵니다. 그러면서도 그 사이에서 학원의 교육과 커리큘럼, 혹은 원장의 교육관을 잘 보여주고 있죠.

　물론 홍보 전단지같은 피드만 잔뜩 올라오는데도 '좋아요'도 많이 찍히고 댓글도 잘 달리는 학원 인스타 계정도 있을 수 있습니다. 그런 경우는 대부분 원장님의 인맥이 넓고 신망이 있는 경우에요. 피드를 보고 '좋아요'를 누르는 게 아니라 원장님을 보고 '좋아요'를 누르는 거죠.

　그리고 오피셜하게 운영하는 학원 브랜드 계정이나 프랜차이즈 본사 계정에서는 어쩔 수 없이 홍보 피드가 가득하게 됩니다. 직영점이 없는 이상 교육 현장의 모습을 보여주기 힘들기 때문에 보통은 브랜드를 알리기 위한 홍보 피드만 남게 되죠. 이러한 경우는 제외하고 일반적인 학원에서의 경우를 말씀드리는 거예요.

학원 인스타 계정을 잘 운영하시는 원장님들은 사람들이 보기에 부담스럽지 않은 피드들을 많이 올리십니다. 그런 분들이 자주 올리시는 피드의 공통점을 정리해 봤습니다. 디테일은 조금씩 다를 수 있으니 큰 줄기 측면에서 안내를 드려 볼게요.

⊞ 일상 속 교육자로서 열정과 열의가 느껴지는 피드

⊞ 학생들에 대한 정성과 사랑이 느껴지는 피드

⊞ 학원 홍보로서 학생 자랑을 하는 것이 아니라 교육자로서 학생에 대해 진솔한 이야기하는 피드

⊞ 원장님(선생님)과 학부모가 서로 감사하고 있다는 것이 느껴지는 피드

⊞ 즐겁게, 열심히, 스스로 동기부여 되어서, 수업에 적극적으로 참여하는 학생들의 모습이 보이는 피드

⊞ 교육자로서 전문가적인 모습을 보여주는 피드

'어! 나도 이런 피드 올리는데.'라고 생각하셨나요?

여기서 중요한 것은 저 내용들을 홍보스럽지 않게 풀어내는 것입

니다. 마치 원장님과 개인적으로 소통을 하는 것처럼, 타인의 일상을 브이로그 보는 것처럼 자연스럽게 풀어내셔야 해요. 잘 감을 잡지 못하시는 원장님들을 위해 2가지 예시를 들어 볼게요.

아래 글을 읽고 1번과 2번 중에 어떤 피드가 학원 홍보에 도움이 될지 생각하시기 바랍니다.

아이들 시험 때마다 들르는 스타벅스. 학원 근처에 있어서 자주 가게 된다.

○○고등학교 중간고사를 앞두고 매일 6시 기상! 10년치 영어 시험 문제를 정리해 문제 유형을 뽑고 있어요. 아침에 일찍 일어나다 보니 어느새 스타벅스 VIP가 되어 버렸네요. 이번에는 프리퀀시로 캠핑의자까지 득템!!! 프리퀀시에 진심인 영어 원장~ 그게 바로 저에요.

똑같은 커피 사진을 올렸지만 두 피드의 느낌은 확연히 다릅니다.

1번 피드는 원장님의 일상을 건조하게 드러내는 피드입니다. 게다가 사람들에게 이야기하는 말투가 아니라 혼잣말을 하는 느낌이기에 타인과 소통할 여지가 없어 보이죠. 댓글을 달고 싶어도 무슨 내용을 어떻게 달아야 할지 망설여집니다. 정말 친한 사이가 아니라면 댓글을 달기 어려워요.

2번 피드는 일단 말투부터 다릅니다. 오프라인에서 친구를 만나내 이야기를 하는 것처럼 타인과 소통하고자 하는 마음이 느껴지죠. 게다가 매일 6시에 일어나 자료를 준비하는 교육자로서의 열정, 내학원이 가르치는 과목, 학생들의 나이대, 타겟으로 하는 고등학교, 시험 준비를 어떻게 하는지까지 부담스럽지 않게 풀어내고 있습니다. 더불어 프리퀀시 이야기까지 하면서 다른 스벅 마니아들의 공감대까지 불러일으켜요.

그리고 학원에서 뻔히 올리는 교재, 학생, 판서 사진이 아닌 커피 사진이기에 학원 계정에서 올린 홍보용 사진이 아니라 개인 계정이 올린 일상 사진처럼 보입니다. 뻔한 학원 사진들 사이에서 지루함을 느낀 학부모의 눈길을 끌 수 있고, 홍보 느낌도 조금 덜어낼 수 있어요.

위에서 보여드린 피드는 일상을 통해 내 교육을 드러낼 수 있는 피드의 예시일 뿐 모든 피드를 저렇게 간접적으로 올리시라는 뜻은 아닙니다. 오히려 모든 피드를 저렇게 올린다면 가식적으로 보일 수도 있어요. 마치 다이아몬드 반지를 자랑하기 위해 "아~ 머리야~!"라고 말하며 머리를 짚는 뻔한 행동이 가증스러운 것처럼요. 어떤 때는 간접적으로 말하는 것보다 직접적으로 이야기하는 것이 더 좋을 때도 있습니다.

학원 계정에 올리는 피드는 보는 사람이 나에게 호감을 느낄 수 있도록 강약을 조절하고, 지루해지지 않도록 다양한 뷰에서 피드를 올리는 것이 좋습니다.

학원 인스타 피드는 피드 하나하나에 대한 기획도 중요하지만, 피드 전반 흐름에 대한 기획도 필요합니다. 기획 부분은 후반부의 다른 챕터에서 더 자세히 설명드리도록 할게요.

Instagram

제2장

학원 홍보를 위한
인스타 시작

"원장님, 인사이트는 주기적으로 확인하고 계신가요? 광고는 돌려 보신 적이 있나요?"

"네? 인사이트요? 인사이트가 뭔가요?"

도지나 원장의 미간이 살짝 일그러졌다. 어디선가 들어본 것 같은 단어 인데 정확히 무엇인지는 알 수 없었기 때문이다.

"아…, 아직 프로페셔널 계정으 로 전환하지 않으셨나 보군요?"

"프로페셔널 계정이요?"

"네, 원래 인스타그램 계정을 생성하면 '개인 계정'으로 생성이 됩니다. 그런데 그 계정을 상업용으로 사용하고 싶다면 '프로페셔널 계정'으로 바꿀 수 있어요. 내 계정에 사람이 얼마나 들어오고, 내 게시물에 어떻게 반응하는지를 확인할 수 있죠. 광고도 돌릴 수 있어요."

광고라는 단어를 듣자마자 도지나 원장의 얼굴에 호기심이 맴돌았다.

"아, 맞아요! 저도 인스타그램 광고를 해 보고 싶어서 유튜브를 찾아봤던 적이 있어요. 그때 '인사이트'라는 단어를 들은 것 같아요. 그거 어떻게 하는 건데요? 지금은 잊어버려서 기억이 나지 않아요. 지금까지는 열심히 게시물만 올리고 있었어요."

도지나 원장이 조금 상기된 얼굴로 자신의 핸드폰을 내밀었다.

프로페셔널 계정으로 전환하기

학원 인스타그램 계정을 만드신 이후, 반드시 해야 하는 작업이 있습니다. 계정을 프로페셔널 계정으로 전환하는 작업이에요.

프로페셔널 계정으로 전환하면 더 다양한 기능들을 활용할 수 있습니다. 그중 가장 강력한 기능 2가지는 '인사이트'와 '광고'입니다.

첫째, 인사이트란 내 계정과 게시물에 대한 통계를 볼 수 있는 기능입니다. 내 계정의 팔로워는 얼마나 늘었는지, 얼마나 많은 사람들에게 내 게시물이 보여졌는지를 확인할 수 있어요. 얼마나 많은 사람이 보고, 저장을 하고, '좋아요'를 누르고, 해시태그를 통해 유입이 됐는지 등 자세한 숫자를 확인하실 수 있습니다. 사람들에게 반응이 있는 게시물과 그렇지 않은 게시물을 데이터를 기반으로 조금 더 정확하게 확인하실 수 있지요. 인사이트에 대한 자세한 내용은 4장에서 설명을 해드리겠습니다.

둘째, 광고는 말 그대로 내 게시물을 광고할 수 있는 기능입니다. 돈을 내고 타인에게 보여지도록 광고를 할 수 있어요. 광고는 특정 지역을 지정해 지역 내에서만 집행할 수 있고, 내가 원하는 타겟을 선정해 그들에게만 광고가 보이게끔 할 수 있습니다. 또한 매우 적은 금액(2024년 3월 기준, 일일 2달러)으로도 광고가 가능해서, 지역내 작은 규모의 공부방부터 대형 학원 원장님까지 자신의 지역, 예산, 타겟에 맞춰 모두가 자신만의 광고를 설정해 운영할 수 있어요.

프로페셔널 계정으로 전환하는 것은 매우 쉽습니다. 인스타그램에서 내 프로필 화면 상단의 '프로필 편집'을 눌러주세요. 하단에 '프로페셔널 계정으로 전환' 버튼을 눌러 인스타그램에서 안내하는 대로 따라가시면 됩니다.

프로페셔널 계정은 '비즈니스' 계정과 '크리에이터' 계정이 있습니다. 크리에이터는 유튜버, 작가, 일러스트레이터 등 창작자들을 위한 계정입니다. 학원의 경우 '비즈니스' 계정으로 전환하는 걸 추천드려요. 내 주소 등록과 같이 지역 내에서 운영하는 비즈니스 성격에 맞춰 다양한 기능들이 갖춰져 있습니다.

비즈니스 계정 ↔ 크리에이터 계정은 언제든 전환이 가능합니다. 지금 비즈니스 계정을 고르셔도 추후 언제든 크리에이터 계정으로 변환이 가능하니 너무 고심하지 마시고 골라주세요. 참고로 프로페셔널 계정에서 개인 계정으로도 변환하는 것도 언제든 가능합니다. 아직 개인 계정을 사용하고 계시다면 지금 당장 계정을 전환하세요.

개인 계정 VS 학원 오피셜 계정,
무엇으로 할까요?

학원 인스타를 시작하시는 분들은 이런 고민을 많이 하십니다.

'기존에 있던 개인 인스타 계정을 학원 계정으로 바꾸어 써도 되나? 아니면 학원용을 새로 만들어야 하나?'

이미 학원용 계정을 가지고 있더라도, 비슷한 고민을 하실 수도 있습니다. 개인용 계정은 잘 운영되는데, 학원용 계정은 뭔가 소통도 되지 않고 꽉 막혀있는 기분이 들 때가 있을 거예요.

원장님들이 이렇게 개인 계정과 학원 오피셜 계정 사이에서 고민하시는 이유는 아마 계정의 운영과 정체성 때문일 겁니다. 다양한 이야기를 풀어낼 수 있는 개인 계정으로 쉽게 운영할지, 철저하게 개인과 학원을 분리시켜 학원 소식만 올리는 오피셜 계정으로 운영할지를 고민하시죠. 두 개의 계정은 장단점이 있기에 어떤 계정이 더 좋다고 이야기하기는 어렵습니다. 원장님의 사정에 맞추어 더 적합한 것을 선택하시는 것이 좋아요.

두 계정의 특징은 아래와 같습니다.

◉ 개인 계정

▽ 인스타그램스러운 사진들을 다양한 주제로 올릴 수 있다(여행, 일상 등).

▽ 만들어진 이미지(카드뉴스 등)보다는 직접 찍은 사진을 더 많이 올린다.

▽ 팔로워를 모으기 쉽다(상업 계정 느낌이 없으므로).

▽ 올라온 사진을 토대로 개인 신상을 유추할 수 있다.

▽ 타인과의 소통이 자연스럽다(댓글, DM 등).

◉ 오피셜 계정

▽ 게시물로 올릴 수 있는 소재가 한정적이다.

▽ 이미지, 카드뉴스, 영상을 제작할 때 좀 더 프로페셔널할 필요가 있다.

▽ 팔로워를 모으기 어렵다.

▽ 개인(원장, 강사, 직원)과 학원이 분리된다.

▽ DM 문의는 올 수 있지만, 내 인스타 계정 내에서 소통하려고 하지 않는다.

보시다시피 개인 계정과 오피셜 계정은 정반대의 특징을 가지고 있습니다. 개인 계정의 장점은 오피셜 계정의 단점이고, 개인 계정의 단점은 오피셜 계정의 장점이죠.

어떤 계정으로 운영할지는, 원장님 혹은 학원의 성향에 따라 나뉩니다. 예를 들어 내가 SNS 상에서 나를 드러내는 것을 극도로 싫어하는 사람이라면, 개인 계정을 통해 학원을 홍보하는 것은 매우 어려울 거예요.

그동안 많은 원장님들께 인스타를 교육하며 코칭했던 경험을 바탕으로 조언을 드리자면, 개인 계정의 탈을 쓴 학원 홍보용 계정을 운영하라고 말씀드리고 싶어요.

이미 운영 중인 개인계정에는 내 사생활이 많이 노출되어 있을 겁니다. 그래서 그 자체를 학원 홍보용 계정으로 운영한다면, 부담스러울 수 있습니다. 따라서 또다른 개인계정을 만들되 내가 조절할 수 있는 수준에서 나를 드러내며 가깝게 느낄 수 있을 정도의 사생활을 노출하세요. 그러면서 자연스럽게 내 학원도 같이 노출하는 거예요.

어떤 것을 선택할지 몰라 어려워하는 분들을 위해 몇 가지 케이스를 안내하고자 합니다.

한번 보시면서, 나는 어떤 케이스가 가장 적합할지 스스로 판단해 보시기 바랍니다.

🔍 케이스 1 - 개인 계정 / 초등 대상 학원의 A 원장님

A 원장님은 개인 계정에서 원장님의 개인과 가족들의 이야기를 주로 합니다. 초등학생 자녀와 함께 미술관이나 박물관에 다녀온 이야기, 내 학원 수업 준비를 위해 주말에도 집에서 일을 하며 정작 내 자녀는 잘 돌보지 못해 속상한 이야기, 일과 육아를 함께 하려면 얼마나 부지런해야 하는지를 인스타그램 계정에서 고스란히 드러냅니다.

A 원장님에게 어린 자녀를 맡기는 학부모들은 원장님의 육아 이야기에 공감하기도 하고, 동지 의식을 느끼기도 합니다. 그리고 A 원장님이 자녀를 대하고, 수업 준비를 하는 모습을 보며 자신의 아이도 열정적으로 잘 돌봐줄 것 같다고 생각합니다.

🔍 케이스 2 - 개인 계정 / 중고등부 대상 학원의 B 원장님

B 원장님은 개인 계정에서 운동, 책, 강의 이야기를 많이 합니다. 새벽 운동에 다녀온 뿌듯함, 오늘은 운동을 걸렀다는 죄책감, 현재 관심 있는 주제로 책을 몰아 읽은 이야기, 유명한 미술 전시회나 원데이 클래스에 다녀온 점도 적습니다.

중고등부 학생들은 원장님의 계정을 보며 언제나 열정적이라며 감

탄합니다. 혹은 '저도 데려가요~' 라며 인스타 게시물에 답글을 남기기도 합니다. 이 계정을 지켜보는 학부모 역시 B 원장님의 열정을 내 아이가 본받았으면 좋겠다고 느낍니다. 그리고 이렇게 열정적인 선생님이라면 아이를 믿고 맡겨도 될 것 같다고 생각합니다.

Q 케이스 3 - 오피셜 계정 / 수학 학원과 영어 학원을 동시에 운영하는 C 원장님

C 원장님은 수학 학원과 영어 학원을 동시에 운영하고 있습니다. 두 학원 모두 전문적인 느낌을 주고 싶어 영어 학원과 수학 학원 계정을 분리해 사용하고 있습니다. 각 계정에는 학생들의 이야기나 영상을 주로 업로드하며, 학원의 커리큘럼과 학생들의 성장을 보여줍니다.

학부모들은 수학 학원과 영어 학원의 연결 고리를 찾을 수 없고 원장님이나 다른 선생님들의 일상을 확인할 수 없기에 두 학원은 완전히 다른 학원이라 생각합니다. 또한 인스타그램에서 학생들의 성장을 보며 자녀가 얼마나 성장할 것인지를 미루어 짐작할 수 있습니다.

Q 케이스 4 - 오피셜 계정 / 직장인을 대상 학원의 D 원장님

D 원장님은 직장인을 대상으로 하는 학원을 운영하고 있습니다. 이 학원은 전문 직업인이 되기 위한 반과 원데이 클래스를 함께 운영합니다. 직장인들은 학원을 선택할 때 본인이 출석 가능한 시간대와 학원 위치만 만족하면 되기에 원장의 개인 일상을 드러낼 필요가 없다고 생

각해서 오피셜 계정을 운영하고 있습니다.

실제 D 원장님의 계정은 팔로워가 많지 않습니다. 하지만 학원으로 전화를 하는 직장인들의 대부분은 인스타그램에서 시간표와 학원 위치를 확인했다고 이야기합니다. 상담 전화의 70% 이상이 바로 등록을 원하는 사람들입니다.

어떠세요? 이제 개인 계정과 오피셜 계정 중 무엇을 운영해야 할지 감이 좀 잡히시나요? 이 예시는 정말 예시일 뿐, 원장님이 A/B/C/D 원장님과 같은 입장에 놓여있더라도 같은 선택을 하실 필요는 없습니다.

지금은 오피셜 계정으로 운영하지만 반응이 좋지 않다면, 천천히 개인 계정으로 돌리시는 것도 좋은 방법입니다. 그 반대도 마찬가지예요. 어느 하나에 얽매이지 마시고 다양한 방법으로, 내 고객들을 찾아갈 수 있는 계정을 만들어 보세요.

도지나 원장은 핸드폰 속의 인스타 계정들을 보며 한숨을 쉬었다.

"저도 여기 원장님들처럼 멋진 인스타 계정을 만들고 싶은데…. 정말 쉽지 않네요. 제 학원 계정이 전단지처럼 보인다는 걸 깨닫고 나니 더욱 갈 길이 멀어 보여요. 어떻게 해야 할까요?"

"원래 인스타그램은 이것저것 시도해 보면서 만들어가는 거예요. 지금 잘나가는 계정들도 다 그런 시기를 거쳐왔어요. 하지만 이것저것 시도하시기 전에 제일 중요한 것은 콘셉트입니다. 먼저 내 계정의 콘셉트를 잡아야 해요."

도지나 원장이 궁금함이 가득한 눈으로 고개를 들었다.

"콘셉트요?"

"네. 내 계정이 타인들에게 어떻게 보이고 싶은지, 그리고 내 계정을 보자마자 3초 만에 타인들이 무슨 계정인지 알 수 있도록 콘셉트를 잡아야 합니다."

"다양한 교구를 통해 활동하며 자연스럽게 영어 실력을 길러주는 유치부 대상의 학원…. 이런 콘셉트 말씀이신가요?"

"네, 맞아요! 지금 말씀하신 콘셉트를 조금 더 디테일하게 잡아보시는 게 좋습니다. 만약 학원 계정을 개인 계정스럽게 운영하실 거라면 개인 신상에 대한 디테일도 필요해요. 예를 들어 호기심 많고 에너지 넘치는 6살 남자아이의 엄마, 육아와 일을 병행하면서 카페 VIP가 된 커리어 우먼, 자기계발을 하기 위해 새벽 5시에 일어나는 열정적인 교육자…. 이런 콘셉트요. 이런 콘셉트가 정해져야 인스타그램 계정에 올리는 게시물들의 감이 잡히실 거예요."

"어? 제가 개인 인스타그램에서 하고 있는 거랑 동일하네요. 처음에는 이것저것 제 일상을 다 올렸었는데 지금은 '일과 육아' 둘 다 열심히 하려고 하지만, 가끔은 '힘들고 지친 이야기'를 주로 하게 되더라고요. 그게 가장 '좋아요'가 많이 찍혀서요."

"개인 계정은 이미 대중의 반응을 기반으로 사람들에게 어필하는 계정으로 꾸려 나가고 계시는군요. 잘하고 계십니다. 학원 계정도 그렇게 콘셉트를 잡아보세요."

학원 인스타그램,
콘셉트부터 잡아야 한다

이제부터 제대로 학원 인스타 세팅도 하고 운영을 하려는데, 갑자기 막막하시죠? 소개글은 어떻게 써야 할지, 게시물들은 어떤 내용으로 올려야 할지…. 시작할 때는 누구나 그렇습니다.

이 막막함 앞에서, 먼저 콘셉트부터 고민하시기 바랍니다.

이미 인스타를 운영하고 있다면, 내 인스타는 어떤 콘셉트를 가지고 있는지도 생각하시기 바랍니다. 콘셉트라고 해서 어렵게 생각하실 필요는 없습니다. 인스타그램에 어떤 게시물을 자주 올리는지, 계정 운영에 어떤 목표를 가지고 있는지, 어떤 사람(혹은 학원)으로 보이고 싶은지를 생각해 보시면 됩니다.

예를 들어 그래서노벰버의 계정은 ① '그래서노벰버'라는 학원 마케터가 운영하는 개인 계정으로, ② 학원 원장님들에게 '그래서노벰버'라는 사람은 교육 업체에서 오랜 기간 마케팅을 해 온 경험이 있다는 것을 알리고, 호감과 신뢰를 쌓기 위해서 운영하고 있습니다. ③ 본 계정에는 교육 업체에 도움되는 정보들과 마케팅 인사이트를 나누는 게시물이 주로 올라옵니다. 작작랩에서 진행하는 강의를 홍보하는 게시물도 주기적으로 올라오죠. 진짜로 원장님들에게 도움이 될만한 정보들만 엄선해 올리기에 원장님들끼리 '저번에 그래서 노벰버 계정에 올라온 ○○ 정보 뭐였죠?'라고 정보를 공유하시기도 해요.

아마 원장님의 학원 계정도 이와 비슷한 목표를 가지고 계실 겁니다. 예비 학생과 학부모들에게 우리 학원을 알리고, 호감과 신뢰를 쌓기 위해서 계정을 운영하실 거예요. 그렇다면 그 호감과 신뢰를 어떻게 쌓을 것인지를 고민해 보셔야 합니다.

호감을 쌓을 수 있는 방법은 여러 가지가 있습니다. 고객에게 도움되는 정보를 나누셔도 되고, 인간적으로 호감을 쌓을 수 있도록 인간적인 면을 드러내셔도 됩니다. 만약 원장님이 잘생겼거나 예쁘다면 얼굴을 드러내는 것만으로도 호감을 쌓을 수 있습니다. 아니면 열정적인 모습을 드러내거나, 사람들이 공감할 수 있는 이야기를 나누는 것 역시 호감을 쌓는 데 도움이 돼요.

오피셜 계정에서는 조금 어려울 수 있는 이야기지만, 아예 불가능한 이야기는 아닙니다. 모 대기업의 인스타그램 계정에는 이 계정을

'마케터'가 운영하고 있음을 알리는 이야기들이 드러납니다. 계정 전체에 마케터를 드러낼 필요도 없습니다. 게시물 마지막 줄에 '팀장님에게 10번 거절당하고 11번째에 런칭 성공한 ○○ 이벤트, 많이 참여하세요!'라고만 적어도 사람들은 이 이벤트에 관심을 갖게 됩니다. 어떤 기획안을 가지고 가도 단번에 통과될 수 없는 직장인의 애환에 깊이 공감하기 때문이에요.

신뢰를 쌓기 위해서는 좀 더 세밀한 작업들이 필요합니다. 학원의 경우에는 학생들의 성장, 원장님의 학생 관리, 원장님과 선생님들의 교육에 대한 열정, 커리큘럼의 우수성, 학원의 교육관 등을 진솔하게 보여줄 필요가 있어요. 요즘에는 릴스가 많이 유행하면서, 이러한 스토리를 릴스의 영상으로 풀어내는 분들이 점점 많아지고 있습니다. 신뢰를 쌓기 위한 내용은 자칫 잘못하면 홍보처럼 보일 수 있는 부분이기에 더욱 세심하게 주의를 기울여야 합니다.

신뢰는 사람(원장, 강사, 직원)에 대한 신뢰일 수도 있고, 교육(교육관, 커리큘럼)에 대한 신뢰일 수도 있습니다. 혹은 학원 브랜드에 대한 신뢰일 수도 있겠죠. 무엇이든 학부모들의 마음에 '믿고 아이를 보내도(혹은 내가 다녀도) 되겠다'는 작은 불씨를 지피는 것이 중요합니다. 그 이후의 더 깊은 신뢰는 학원에 대면 상담을 와서, 그리고 학원에 다니면서 쌓아가면 됩니다.

내 인스타그램 콘셉트 잡기

아래 표를 보고 원장님 인스타의 정체성과 콘셉트를 고민하시기 바랍니다. 타겟을 더 뾰족하게 잡을수록 인스타 콘셉트 잡기가 쉬워질 거예요.

인스타 정체성
나(내 계정)는 어떻게 보이기를 원하는가?(나의 브랜딩)

내 타겟 고객(팔로워) 정의
누가 나를 팔로잉했으면 하는가?

콘텐츠 콘셉트 잡기
차별화된,
지속적으로 발행이 가능한,
내 타겟에게 도움이 되는,
콘텐츠는 무엇이 있을까?

고객에게 다가갈 수 있는
인스타그램 이름 설정하기

인스타에는 이름이라 불리는 것이 두 가지가 있어요.

첫 번째는 인스타 내에서 아이디로 사용되는 '**사용자 이름**'입니다. 사용자 이름은 인스타에 로그인할 때 사용되는 영어 문자의 조합으로 내 프로필 상단에 게시되어 있습니다. 네이버에 로그인할 때 쓰는 아이디처럼, 이 사용자 이름은 인스타 상에서의 일종의 아이디 좌표라고 생각하시면 됩니다.

두 번째 이름은, 말 그대로 인스타그램 내에서 사용되는 '이름'입니다. 마치 네이버 블로그의 별명처럼, 인스타 공간상에서 불리는 내 이름이라고 생각하시면 됩니다. 아마 학원 계정이라면 많은 분들이 이름을 학원 이름으로 해두셨을 거예요.

인스타 프로필 편집에 들어가면, 아래의 이미지에 보이는 것처럼 이름, 그리고 사용자 이름 두 가지가 있어요.

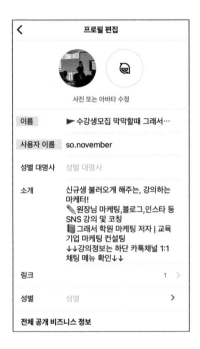

지금부터는 내 프로필 사진 옆에 게시되어 있는 '이름'에 대해 이 야기 드릴게요. 아래 캡처 화면에서 '수강생모집 막막할때 그래서노벰 버! 그래서 학원마케팅!' 부분입니다*(PC화면에서 캡처된 프로필 모습입니다)*.

첫째, 이름만 적지 마시고 매력을 어필하세요.

실제 이 공간은 '이름'을 적는 곳이기는 하지만, 맨 앞에 위치하기도 하며 두꺼운 글씨체로 나오기 때문에 시선을 더 끌게 됩니다. 그래서 많은 인스타 운영자들은, 이곳에 이름을 적기보다는 자신의 정체성, 즉 브랜딩을 할 수 있는 문구를 적는 경우도 있습니다.

저 역시도, 단순히 제 실제 온라인상에서의 이름인 '그래서노벰버'라고 적기 보다는, 고객이 듣고 싶어 하는 말인 '수강생 모집 막막할때'라는 문구와, 관심 있어 할 단어인 '학원마케팅'을 조합해서 정리했습니다.

학원 인스타그램 이름을 정하실 때는 원장님의 교육관이나 교육철학을 함께 넣어 보세요. 한눈에 우리 학원이 어떤 학원인지를 알 수 있도록요. 그리고 고객들이 관심을 가질만한 단어, 혹은 문구를 넣는 것도 좋습니다. 그들의 호기심을 자극하고 마음을 움직일 수 있는 단어들을 사용하시기 바랍니다.

둘째, 지역 학원의 경우, 대표 지역 키워드를 같이 넣어 주세요.

프로필 설명 중 유일하게 '이름'만 검색에서 노출됩니다.

인스타 검색 창에 '학원마케팅'이라고 검색해 봤어요. 그러니 인스타 '이름'에 해당 단어를 넣은 계정만 이렇게 검색되어 보입니다.

학원의 경우 원장님들이 보통 인스타 이름을 '○○영어학원' 처

럼 학원명으로 저장하십니다. 방금 위에서 보여드린 것처럼 이 이름은 검색이 되기 때문에 내 과목, 지역, 대상, 교육관 등을 함께 적어 주면 좋아요. '창의력 가득한 초등학생을 길러내는 ○○동 ○○수학학원' 혹은 '○○동 입시미술의 1인자, ○○미술학원' 처럼요.

예전 인스타 UI*는 해시태그, 계정, 위치 등을 따로따로 검색할 수 있도록 설정되어 있었습니다. 하지만 현재는 검색어를 입력하면 그에 맞는 해시태그, 계정, 위치 탭의 검색 결과를 함께 보여줍니다. 내 이름에 사람들이 검색할 만한 단어를 넣어둔다면 검색 결과에 함께 노출될 수 있어요.

특히 원데이 클래스, 취미반, 성인반을 운영하고 계신 원장님께서는 더욱 이름에 신경쓰셔야 해요. 과목 학원 대비 인스타그램 내에서

* UI : User Interface(사용자 이용 화면)

검색을 하는 사람들이 많기 때문에 세심하게 세팅하시는 것이 중요합니다.

참고로 인스타그램 이름은 14일에 2번만 변경이 가능해요. 어떤 이름으로 하실지 확실하게 정하신 후에 수정하시는 것을 추천드립니다. 그렇지 않다면 2주를 기다려야 하니까요.

고객의 마음을 사로잡는
프로필 세팅 노하우

인스타 프로필은 나를 모르는 사람들에게 나를 소개할 수 있는 자기 소개 칸입니다. 내 학원에 관심을 보이는 고객들, 혹은 오다가다 우연히 만난 내 고객들에게 나를 소개할 수 있는 공간이죠. 그래서 그런지 원장님들은 학원 인스타 프로필 세팅을 많이 어려워합니다.

작작랩의 강의를 수강하시는 원장님들께 '학원 인스타 프로필을 세팅하세요~'라고 말씀드리면 보통 두 가지 경우가 나옵니다.

첫 번째 경우는 이력서처럼 본론만 간단하게 써 주시는 경우입니다. 무미건조하고 간결하게 원장님의 이력, 학원 전화번호, 오시는 길만 적으시는 원장님들이 많이 계세요.

두 번째 경우는 자기 소개서처럼 긴 문장으로 된 설명에 이모지를 넣어 예쁘게 꾸며 주시는 경우입니다. 이런 경우에는 원장님의 이력부터 학생 자랑까지 정말 다양한 문장들이 나옵니다. 이모지도 형형

색색의 다양한 것들이 모두 모여 있어요.

너무 극단적인 예시만 보여드린 것 같지만 실제로 많은 분들이 이렇게 학원 인스타 프로필을 정비하십니다. 이 중간의 어느 지점을 찾으셔야 합니다. 이력서처럼 논리정연하고 간결하면서도 자기소개처럼 스토리가 있고 울림도 있어야 하죠. 이모지를 넣어 예쁘게 정비하는 것도 중요하지만 고객들에게 신뢰를 주고, 내가 어떤 학원인지를 3초 만에 알아볼 수 있도록 세팅하셔야 합니다.

학부모의 입장에서 생각하시기 바랍니다. 아직 원장님의 학원에 다니지 않는 학부모는 학원에 대해 무엇을 궁금해할까요? 가장 기본적으로는 학원에서 가르치는 학생 나이대가 어떻게 되는지, 어디에 위치해 있는지, 어떤 교육을 하고 있는지가 궁금할 겁니다. 이 부분이 맞아야 학원에 다닐 수 있으니까요.

또한 내 아이를 믿고 맡겨도 될 만한 곳인가를 궁금해할 것입니다. 이 부분은 성인 대상의 학원이라도 별반 다르지 않습니다.

이런 요소들을 모두 넣어 내 학원 인스타 프로필을 세팅하려면 아래와 같이 하시기 바랍니다.

첫째, **프로필 설명**입니다.

프로필 앞쪽, 첫 줄부터 3번째 줄까지는 고객이 듣고 싶어하는 말을 넣되 그 말을 뒷받침할 수 있는 근거를 함께 넣어 주셔야 합니다.
그리고 그 이후에는 부수적으로 알려야 할 사항들을 넣어 주세요.

요약하면,

⊕ 나를 신뢰하게 만들 수 있는 사회적 근거를 구체적인 숫자를
  넣어서

⊕ 고객이 듣고 싶은 말을 넣어 관심을 끌 수 있도록

⊕ 짧고 강력한 표현으로

⊕ 이모지는 각 타이틀 앞에 강조해 넣되, 너무 남발하지 말고

⊕ 프로필 설명에 해시태그는 넣지 않기

(예시)

○○동, 15년 차 초등영어 원서교육 1인자

○○동 영어 스피치대회 1등 최다 배출

학부모들이 좋아하는 단어인 '15년차, 1인자, 대회 1등, 최다 배출' 등을 넣어 학원을 한 줄로 표현했습니다. 특히 '원서 교육, 영어 스피치' 같은 단어는 학원의 교육관을 잘 표현할 수 있기에 더욱 학부모들의 관심을 끌 수 있어요.

그 뒤로는 '내 학원이 어떤 교육을 하는지' 알리는 것이 중요합니

다. 입시, 취미, 초등, 중고등처럼 크게 분류하시기보다 디테일하게 원장님의 교육을 설명하시면 좋아요. 원장님이 길러내고 싶은 인재상을 생각해 보시면 더욱 쉽게 표현하실 수 있을 거예요.

(예시)

미술 전공을 꿈꾸는 중고생을 위한 확실한 대입 프리패스

초등이 중등 영문법을 4개월만에 마스터하는 학원

영어와 논리력을 한 번에 잡는 초등 코딩 교실

어때요? 감이 오시나요?

여기서 중요한 것은 원장님이 하고 싶은 말이 아니라 학부모들이 듣고 싶은 말을 하는 것이 중요합니다. 학원에서 무엇을 가르치는지도 중요하지만, 이 학원을 다녔을 때 자녀가 어떤 부분에서 크게 성장할 수 있는지를 더 궁금해하실 거예요. 그 부분을 강조하시기 바랍니다.

만약 원장님 학원에 대한 학부모들의 소문이 있다면, 거기서 단어를 차용하셔도 좋습니다. 다음과 같은 것들이요.

'그 학원에 가면 스파르타 식으로 아웃풋을 빨리 내준대.'

'그 학원에 가면 재미있게 놀면서 스트레스 없이 영어를 배운대.'

이는 원장님의 학원에 다니는 학부모들이 이야기하는 장점이자, 고객의 언어로 쓰여진 말이라서 더욱 고객의 마음을 흔들 수 있습니다. 학부모들의 이야기에 귀를 기울여 보세요. 훨씬 더 매력적인 소개 글을 쓰실 수 있을 거예요.

여기서 잠깐!

프로필 설명 속 '해시태그' 이야기를 잠시 해 볼게요.

학원 인스타 계정을 보다보면 프로필 설명 부분에 다수의 해시태그를 넣는 경우를 종종 봅니다. #영어교육 #초등영어 #원서교육처럼요. 아마 해당 해시태그를 검색하면 학원 계정이 뜨기를 바라는 마음으로 넣어두신 거라고 생각합니다.

하지만 프로필 설명에 적어둔 해시태그는 검색이 되지 않습니다. 앞에서 말씀드렸던 것처럼 프로필 내에서 검색이 되는 것은 '이름' 뿐이에요. 타인이 프로필 설명 내의 해시태그를 누르면 '그 해시태그를 단 게시물'이 검색됩니다. 계정 검색 기능은 전혀 작동하지 않습니다.

물론 프로필 내의 일부 단어나 문장을 강조하기 위해 의도적으로 해시태그로 표현하는 경우도 있긴 합니다. 하지만 검색을 의도해 해시태그를 넣으셨다면 당장 삭제하세요. 검색이 되지도 않지만, 스팸성으로 보여서 좋지도 않습니다. 게다가 그 해시태그를 누르면 다른 학원들이 올린 게시물도 함께 뜨기 때문에 내 고객들이 쉽게 이탈하게 됩니다.

둘째, 이제 **프로필 사진**을 살펴볼까요?

프로필 설명이 완성되고 나면 프로필 사진을 변경할 차례입니다. 많은 원장님들이 학원 인스타 프로필에 학원 시설이나 로고 사진을 많이 걸어 두십니다. 오피셜한 느낌을 주면서도 내 얼굴 노출에 대한 부담이 없기 때문이에요.

하지만 학원 프로필 사진으로 가장 추천하는 것은 원장님의 사진입니다. 결국엔 교육이란 신뢰를 바탕으로 한 서비스니까요. 내가 누구인지를 드러내면 사람들은 나를 더 가깝게 느끼고 신뢰합니다. 마치 정치인들이 모두 자신의 얼굴을 내걸고 유세를 하는 것처럼요. 특히 유·초등부를 대상으로 하는 학원이라면 더욱 인물 사진을 추천합니다. 어린 학생들을 맡기는 학부모의 입장에서는 '원장님이 어떤 사람인가'를 매우 궁금해하기 때문이에요.

이 때 사용하는 인물 사진은 스튜디오에서 찍은 프로필 사진보다는 자연스러운 사진, 그러면서도 교육자임이 드러나는 사진이 좋습니다. 독서 논술 학원이라면 책장 앞에서 찍은 사진이나 책을 읽고 있는 사진 같은 사진, 입시 학원이라면 강의하는 듯한 모습을 찍은 사진을 올려보세요. 자연스러우면서도 학원 홍보 느낌이 덜한 프로필 사진을 완성하실 수 있어요.

조금 더 타인의 시선을 끄는 프로필 사진을 만들고 싶으시다면, 프로필 사진의 배경 색을 튀는 색으로 변경하시는 것도 좋습니다. 인스타에서 수없이 만나는 동그라미들 속에서 더 시선을 끌 수 있습니다. 요새는 정말 다양한 이미지 편집 앱들이 있기에 손쉽게 배경 색을 변경하실 수 있습니다.

정면으로 얼굴을 드러내는 건 부담스럽지만 내 모습을 드러내고 싶다면, 강의하는 뒷모습이나 옆모습을 넣는 것도 대안입니다. 실체는 드러나지만 얼굴은 잘 노출되지 않으니 신뢰감을 주면서도 원장님의 얼굴 노출은 좀 줄일 수 있겠죠? 인물 사진의 경우, 로고나 시설 사진보다 훨씬 더 고객의 신뢰를 살 수 있으니 고심해서 잘 선택하시기 바랍니다.

만약 온라인 상에 얼굴을 드러내는 것이 매우 불편하다면, 이런 방법도 있습니다. 원장님이 프로필 소개에 적은 내용들이 잘 드러내고 있는 사진을 선택하시기 바랍니다. 예를 들어 프로필 설명에서 '원목 교구를 활용해 즐겁게 놀이하며 배우는 창의력 수학'을 강조하셨다면 그런 모습이 드러나는 현장의 사진을 올려주시는 것이 좋습니다. 프로필 설명과 사진이 같은 내용을 담고 있다면, 고객은 원장님이 말하고자 하는 내용을 더 쉽고 빠르게 알아차릴 수 있어요. 또한 프로필 설명에서 하고 있는 말을 사진으로 직접 확인하게 되어 신뢰도가 올라가게 됩니다.

사람들은 보통 스쳐 지나가는 피드의 프로필 사진을 클릭하지 않습니다. 작은 동그라미로 보아도 명확하게 무엇을 하는지 1초 만에 알 수 있는 사진을 올려주셔야 합니다.

프로필 링크에는 5개까지

외부 링크 허용에 매우 인색한 인스타는 과거 프로필 링크에 딱 1개만 외부 링크를 허용했었습니다. 그래서 많은 유저들은 하나의 링크로 여러 개의 링크에 접속할 수 있는 링크트리, 인포크링크 같은 서비스를 사용하곤 했어요. 그러나 2023년 상반기부터는 프로필 링크에 외부 링크를 5개까지 넣을 수 있도록 변경되었습니다.

내 프로필 탭에서 '프로필 편집' 버튼을 눌러 '링크' 탭으로 들어가세요. 그리고 내가 원하는 링크의 URL과 제목을 추가하거나 수정하시면 됩니다. 원하는 링크를 다 추가하신 후에는 상단의 '⋯' 버튼을 눌러 링크의 순서를 변경하실 수도 있습니다. 굉장히 직관적으로 되어 있기에 단번에 찾아서 불편함 없이 사용하실 수 있습니다(2024년 3월 기준).

하지만 링크가 많다고 좋은 건 아니에요. 선택지가 많으면 오히려

사람들을 이탈하게 만듭니다. 학원 계정에서 여러 개의 링크를 사용하실 경우, 아래 3가지 사항에 집중하시면 더 좋은 결과를 얻을 수 있습니다. 다음을 살펴보시고 링크를 세팅하시기 바랍니다.

첫 번째로, 가장 중요하다고 생각되는 링크를 상단에 배치해야 합니다.

내가 외부 링크를 여러 개 걸어 두어도, 내 프로필 화면에서는 가장 상단에 위치한 링크 하나만 보입니다. 사람들이 꼭 보았으면 좋겠다고 생각되는 링크, 혹은 사람들이 가장 호기심을 가지고 눌러볼 법한 링크를 가장 상단에 배치하세요. 내가 궁금해 찾아온 고객들의 호기심을 자극하고, 그들이 원장님에 대해 더 알고 싶게끔 만드세요.

두 번째로, 링크 설명(제목)을 최대한 친절하고 쉽게 적어야 합니다. 그래야 나를 찾아 온 내 고객들을 놓치지 않고 나에게 집중하게 만들 수 있어요.

예를 들어 학원 인스타그램 피드에 "커리큘럼이 궁금하면 프로필 링크를 확인하세요!"라고 적혀 있습니다. 그래서 링크를 확인해보니 링크 설명이 [블로그] [홈페이지] [유튜브] [카톡채널]이라고만 적혀 있네요. 아마 고객들 중 대부분은 4개 중에 무엇을 눌러야 할지 고민하다가 이탈할 겁니다. 혹은 처음 적혀있는 링크 2개 정도만 눌러보고 이탈하겠지요. 정말 원장님의 학원이 궁금한 고객들은 링크를 모두 누르며 커리큘럼을 어렵게 확인하고는 '불친절하다'고 생각할 수도 있습니다.

만약 링크 설명이 아래처럼 적혀 있다면 어떨까요?

[블로그에서 커리큘럼 확인]
[홈피에서 리그램 이벤트 접수]

[유튜브에서 수업 현장 보기]

[카톡채널로 상담 예약]

손쉽게 커리큘럼을 확인할 수 있는 것은 물론, 유튜브에서 공개되는 수업 현장에 대해 궁금증이 생길 수도 있습니다. 그래서 커리큘럼을 확인한 후에는 유튜브로 연결될 수도 있습니다.

링크에 대한 친절한 설명은 내 고객을 헷갈리지 않게 내가 원하는 방향으로 유도할 수 있는 장치입니다. 또한 나를 알릴 수 있는 또 하나의 기회이기도 하지요. 한 번 더 고민해서 올려보세요.

마지막 세 번째, 블로그 링크를 적을 경우에는 특정 포스팅 링크로 연결해야 합니다. 예를 들어 blog.naver.com/sonovember처럼 내 블로그 주소가 아닌 blog.naver.com/sonovember/12345678처럼 특정 포스팅으로 연결해야 합니다.

이 부분은 앞에서 이야기한 링크 설명과 맥락을 함께 합니다. 사람들은 생각하는 것과 선택하는 것을 매우 싫어합니다. 블로그 링크만 적어두면 수많은 포스팅 중에 무슨 글을 보아야 할지 고민하다가 결국 이탈해 버립니다. 원장 소개 글이나 커리큘럼 소개 글처럼 고객에게 어필하고 싶은 글을 걸어 두세요.

유튜브나 홈페이지 역시 동일합니다. 내 유튜브 채널 링크가 아닌 특정 유튜브 영상 링크, 홈페이지 링크가 아닌 특정 홈페이지 링크를 걸어 두셔야 합니다.

제3장

해시태그와 릴스
완전정복

"원장님! 그런데 학원 인스타 피드에 해시태그를 전혀 사용하시지 않네요? 왜 그런지 이유를 알 수 있을까요?"

도지나 원장이 왜 물어보는지 모르겠다는 표정으로 대답했다.

"글 올리는데 바빠서 잊어버린 적도 있고, 해시태그를 달아봐야 아무 소용이 없더라고요. 그리고 해시태그가 많으면 뭔가 홍보하는 것 같아서 안 좋아 보이기도 하고요."

"개인 계정은 해시태그를 달지 않아도 괜찮아요. 하지만 학원 계정은 꼭 해시태그를 달아야 합니다. 해시태그를 달지 않으면 원장님의 피드가 검색 노출이 되지 않아요. 사람들이 원장님을 찾아올 수 없다는 뜻이에요. 홍보스럽게 보이는 것이 걱정이라면 게시글에 답글로 해시태그를 달아주시면 됩니다."

도지나 원장의 얼굴이 어두워졌다. 열심히 학원 인스타를 운영했는데 사소한 실수들 때문에 내 계정이 사람들에게 노출이 되지 않는다니 억울한 마음이 들었다.

"해시태그를 달면 정말 사람들이 오나요? 저는 열심히 달아봤지만 아무런 반응도 없었어요."

"해시태그를 전략적으로 잘 달고, 인스타 계정을 잘 운영하다 보면, 인기 게시물을 통해서 사람들이 유입될 수 있어요. 이렇게 유입되는 사람들의 양은 엄청납니다. 팔로워가 천 명 안팎인데 해시태그로 5만 명 이상이 유입되는 경우도 봤어요. 교육 계정이 아닌 다른 계정이었다면 더 많이 들어왔을 수도 있습니다."

5만 명이라는 소리에 도지나 원장의 얼굴에 놀라움이 피어났다. 내 학원 게시물을 5만 명이 본다면 그보다 더 좋은 광고는 없을 것 같았다.

인스타 해시태그, 블로그와는 다르다

학원 게시물에 해시태그 잘 넣고 계신가요? 인스타에서 해시태그는 정말 중요합니다. 피드를 업로드할 때 잊지 말고 꼭 넣어 주셔야 해요.

해시태그에 대한 마케팅 측면의 이야기를 하기 전에, 해시태그를 올바로 사용하는 법부터 살펴보도록 하겠습니다. 기술적인 이야기를 해보겠습니다.

[해시태그의 올바른 사용법]

띄어쓰기 하지 마세요.
#목동 수학학원 (X) → #목동수학학원
해시태그는 띄어쓰기를 인식하지 못합니다. 띄어쓰기를 하기 전까지만 해시태그로 잡아버려요. 예를 들어 **#목동 수학학원**이라고 적으면 **#목동**만 해시태그가 잡힙니다. **#목동수학 학원**이라고 적으면 **#목동수학**만 해시태그로 인식되죠. 원하는 키워드를 띄어쓰기 없이 입력하셔야 합니다.

해시태그끼리 붙이지 마세요.
#목동영어#목동수학 (X) → **#목동영어 #목동수학**

특수문자 넣지 마세요.
#목동!영어학원 (X)
해시태그는 특수문자를 인식하지 못합니다. 예를 들어 **#화이팅!목동수학학원**이라고 적으면 **#화이팅**만 해시태그로 인식됩니다.

이모지는 해시태그로 인식됩니다.
#목동영어학원♥
특수문자와 달리 이모지는 해시태그에 인식됩니다. **#화이팅♥**라고 적으면 **#화이팅♥** 전체가 해시태그로 인식됩니다. 단, **#화이팅**과 **#화이팅♥**은 별개의 해시태그로 인식되며, 검색 결과도 다르게 나타납니다. 이모지를 넣은 해시태그가 당연히 더 사용량이 적겠죠?

해시태그의 기술적인 면을 다 익혔다면 마케팅 측면의 이야기를 해 볼까요?

인스타 검색을 통해 내 고객이 나에게 연결되기를 원한다면 해시태그는 정말 중요합니다. 블로그에서의 '키워드 검색'과 인스타에서의 '해시태그' 검색이 유사하다고 생각하시면 됩니다. 각 플랫폼 별로 해시태그의 역할이 달라요.

인스타 앱에서 사람들은 해시태그 검색을 통해 원하는 정보를 찾습니다. 해시태그를 넣어서 게시물을 올려야 검색하려는 고객에게 내 인스타 게시물이 노출되죠. 해시태그를 쓰지 않아도 검색 노출이 가능한 네이버 블로그와는 전혀 다릅니다.

여기서 잠깐! 네이버 블로그 해시태그 이야기를 해 볼까요.

네이버에서 '키워드 검색 상위 노출'은 많은 학원 블로그들의 꿈이죠? 많은 분들이 네이버 '키워드 상위 노출'을 희망하며 블로그 해시태그에 원하는 키워드를 해시태그로 넣습니다. 그런데 블로그의 해시태그는 상위 노출 노출과 전혀 관련이 없어요. 해시태그를 하나도 넣지 않아도 상위 노출이 됩니다. 네이버에서 아무 단어나 검색해 상위 노출된 블로그들을 살펴보세요. 해시태그를 하나도 넣지 않고도 상위 노출이 되는 블로그들이 많습니다.

네이버 블로그에서 해시태그는 '타인의 글과 내 글을 연결하는

다리'로 쓰입니다. 만약 원장님이 **#목동영어학원**이라고 블로그 해시태그에 써넣으셨다면, 누군가 그 해시태그를 눌렀을때, **#목동영어학원** 해시태그를 쓴 타 블로그 글이 검색됩니다. 원래 태그 기능은 같은 태그를 단 것끼리 묶어 보여주는 기능이거든요.

하지만 인스타는 다릅니다. 해시태그가 없으면 아예 검색 노출이 되지 않습니다. 인스타에서의 해시태그는 '검색을 위한 안테나 역할'을 해 줘요. 그렇기 때문에 해시태그를 잘못 쓰는 경우에도 검색 노출이 되지 않습니다.

그리고 이렇게 검색 노출이 되지 않는 경우는 매우 다양한 케이스를 포함합니다.

1. 해시태그를 하나도 쓰지 않는 경우
2. 해시태그는 적었으나 사람들이 검색할만한 해시태그는 쓰지 않는 경우
3. 해시태그는 적었으나 띄어쓰기나 특수문자로 인해 해시태그가 끊긴 경우
4. 해시태그를 적었으나 전혀 상관 없는 해시태그라 인스타가 노출해 주지 않은 경우

1. 문자 그대로 해시태그를 하나도 쓰지 않는 경우

1번 같은 경우는 정말 해시태그를 하나도 적지 않고 본문 글만 적은 경우입니다. 이럴 경우 내 팔로워들에게는 내 피드가 보입니다. 하지만 해시태그 검색을 통해 내 게시물로 들어올 수는 없어요.

2. 해시태그는 적었으나 사람들이 검색할 만한 해시태그는 쓰지 않는 경우

2번은 많은 원장님들이 나도 모르게 하는 실수입니다. **#수학학원 #유아수학 #창의력수학**처럼 누구나 쉽게 검색해서 들어올 만한 해시태그가 아니라 **#중동유아창의력수학학원**처럼 아무도 검색하지 않거나 혹은 극히 소수의 사람들만 검색할 해시태그만 걸어둔 경우가 많아요. 보통 학원이 위치한 지역명을 포함하려고 하거나, 한 번에 많은 내용을 담고 싶을 때 이런 해시태그를 걸어 두십니다.

혹은 문장으로 된 해시태그들만 달아두는 경우도 있어요. **#오늘하루도열심히산나칭찬해** 이런 느낌의 해시태그요. 이런 문장으로 된 해시태그는 사실 검색되기를 바라면서 넣은 것은 아닐 겁니다. 좀 더 유머러스하게 피드를 표현하기 위해 해시태그로 거는 경우가 많죠. 해시태그로 걸어두면 색도 다르고 강조되어 보이거든요.

그래서 브랜딩을 위해 이런 문장형 해시태그가 사용되기도 합니다. 그래서노벰버 계정에도 **#학원마케팅은그래서노벰버**라는 해시태그들이 종종 달립니다. 학원 마케팅과 그래서노벰버를 연결시키며 보는 사람들에게 각인시킬 수 있도록 사용하는 거예요.

인스타의 해시태그는 블로그 키워드 검색과는 달라서, 토씨 하나 틀리지 않고 똑같이 검색한 경우만 보여줍니다. 앞에 기술적인 해시태그 사용법에서 설명드린 것처럼 **#목동초등수학**과 **#목동초등수학학원**은 다르게 카운팅됩니다. 검색 결과가 아예 다르기 때문에 사람들이 검색할 만한 해시태그를 잘 적어주시는 것이 좋아요.

같은 맥락에서 **#중동유아창의력수학학원**같은 해시태그도 사람들이 들어오기 어렵습니다. **#중동창의력수학 #중동창의력수학학원 #중동유아수학학원 #중동유아창의력수학** 전부 다 다른 검색 결과를 보여주기 때문이에요.

3. 해시태그는 적었으나 띄어쓰기나 특수문자로 인해 해시태그가 끊긴 경우

3번은 해시태그의 특성을 정확하게 이해하지 못한 경우입니다. 해시태그는 띄어쓰기, 특수문자 중 일부를 인식하지 못합니다. **#수학**

학원이라고 해시태그를 달면 띄어쓰기 이후부터는 해시태그가 적용되지 않기에 #수학이라고 해시태그를 단 것과 동일하게 됩니다. 또한 해시태그에는 느낌표도 적용되지 않기에 #나는!멋진사람!이라고 적으면 #나는이라고 해시태그를 단 것과 동일하게 됩니다.

4. 해시태그를 적었으나 전혀 상관 없는 해시태그라 인스타가 노출해 주지 않은 경우

4번은 조금은 어려운 이야기입니다. 인스타 플랫폼 입장에서는, 사람들이 올바른 해시태그를 쓰기를 원할 거예요. 이런 경우를 생각해 봅시다. 원장님이 부산 앞바다 사진을 올리고 해시태그를 #목동영어학원이라고 넣었어요. 원장님 한 명이라면 괜찮겠죠? 하지만 많은 사람들이 중구난방 아무 사진에나 #목동영어학원이라고 해시태그를 달면 어떨까요?

누군가 #목동영어학원 해시태그를 검색했는데 부산 앞바다, 혹은 전혀 관련 없는 사진들이 나온다면 좋아하지 않을 겁니다. 아마 '인스타 알고리즘이 이제 이상해졌네'라고 생각할지도 몰라요. 한 발 더 나아가 '인스타는 검색이 이상하던데 다른 데 가서 검색해야겠다'라고 생각할지도 모르죠.

인스타는 플랫폼을 사용하는 유저들이 지속적으로 좋은 경험을 하길 원합니다. 인스타에 오랜 시간 머물기를 원해요. 그렇기 때문에 게시물과 해시태그의 연관성이 없다면 인스타는 좋아하지 않아요. 최대한 AI 로직을 짜서 해시태그와 관련이 없는 게시물들을 걸러내려고 할 겁니다.

인스타가 게시물과 해시태그의 관련성을 어떻게 아냐고요? 요즘 기술이 얼마나 발전했는데요. 요즘은 AI가 사진의 내용을 읽어낼 수도 있습니다.

친구들과의 소통을 위한 개인 계정이라면 해시태그를 달지 않으셔도 돼요. 하지만 학원 계정이라면 해시태그는 꼭 달아주세요. 그것도 사람들이 검색해서 들어올 법한 해시태그를 달아주셔야 합니다.

인스타에서 하단의 '돋보기' 모양을 눌러 원장님의 학원과 관련 있는 해시태그들을 검색하시기 바랍니다. 그리고 '태그' 탭으로 이동하시기 바랍니다. 해당 해시태그로 그동안 몇 명의 사람들이 게시물을 올렸는지 친절하게 숫자로 알려줍니다. 내 학원 해시태그를 사용하기 전, 다양한 해시태그를 검색하다 보면 사람들에게 인기 있는 해시태그와 인기 없는 해시태그를 한눈에 확인하실 수 있어요. 해시태그를 사용한 사람이 많다는 것은 사람들에게 익숙한 키워드라는 뜻이고, 그렇다면 그 키워드로 검색하는 사람도 많을 거라는 이야기일 테니까요.

또한 인스타 태그 탭에서 해시태그를 입력하면 내가 입력한 단어와 연관 있는 해시태그들을 보여줍니다. 그 해시태그들을 살펴 사람들이 많이 사용하는 해시태그를 찾아낼 수 있어요.

사실 아직까지는 인스타를 통해 학원 검색하는 사람은 많이 없어요. 원데이 클래스나 성인용 취미반은 인스타에서 많이 검색할 수 있습니다. 하지만 혹시 인스타에서 학원을 검색할 수 있는 학부모들을 위해 해시태그를 꼭 잊지 말고 달아주세요.

인스타 해시태그,
잘 쓰면 무료 광고보다 낫다

인스타에서는 사람들이 해시태그를 검색해 원하는 정보를 찾습니다. 인스타 앱 내에서 해시태그를 검색하면 '인기 게시물'이 보입니다. 이 '인기 게시물'에는 해당 해시태그를 단 게시물 중, 사람들이 좋아하고 반응하는 게시물들을 보여주죠. 인스타 계정을 운영하는 사람들은 내가 원하는 해시태그로 인기 게시물에 오르기를 원합니다. 그래야 사람들이 내 게시물을 많이 보고, 내 계정으로 유입되니까요.

사람들은 '인기 게시물'을 줄여서 '인게'라고 부릅니다. 그리고 인기 게시물 상단에 내 게시물이 올라오는 것을 '인게에 떴다' 혹은 '인게를 잡았다'는 표현을 많이 사용해요. 인게를 잡는 경우, 생각 이상으로 많은 사람이 내 게시물을 보게 됩니다.

실제 내 팔로워는 1,000명 안팎인데 해시태그를 검색해 들어온 사람들의 숫자가 5만 명을 훌쩍 넘기는 경우도 있어요. 돈 한 푼 내지 않고 '내가 쓴 해시태그를 검색한 대중들'에게 '내 게시물을 광고'한 셈입니다. 게다가 불특정 다수가 아니라, 특정 니즈를 가지고 해시태그를 검색한 사람들이니 더욱 효과적인 광고인 셈이죠.

하지만 과거에 비해 해시태그로의 유입이 크지 않아서 이용자들의 불만이 있기도 합니다. 그럼에도 불구하고 지역 기반의 음식점이나 카페 등 다양한 소상공인들은 '인게를 잡으려고' 노력합니다. 한번 상상하시기 바랍니다.

친구와 홍대에서 만나 밥을 먹고 카페에 가려고 합니다. 그런데 홍대가 너무 오랜만이라 어디가 어딘지 잘 모르겠어요. 인스타에 예쁜 카페가 있나 검색해 보려고 #홍대카페라고 검색했습니다. 인기 게시물 세 번째에 올라온 커피 사진이 너무 예뻐서 게시물을 눌러보니 카페가 '위치 태그'가 되어 있습니다. '위치 태그'를 눌러 카페 위치를 확인해 보니 걸어서 3분 거리네요. 원장님은 그 카페에 가기로 결정합니다.

어떠세요? 충분히 있을 법한 일 아닌가요? 혹은 원장님도 실제로 이렇게 하고 계시진 않나요?

특히 음식점이나 카페는 선택할 때 마음의 허들이 낮습니다. 커피가 맛이 없어도 인스타에 올릴 사진 한 장 건졌으면 됐다고 생각할 수도 있고, 음식점이 맛이 없다면 다음에 안 오면 됩니다. 내 아이의

현재를 담보로 미래가 달라지는 학원과는 달라요. 가볍게 선택할 수 있습니다.

왜 이런 업체들이 무조건 '인게를 잡기 위해' 많은 노력을 하는지 이해가 되시죠? 음식점이나 커피숍에서 인스타에 특정 해시태그를 걸고 게시물을 올려주면 괜히 서비스를 주는 것이 아닙니다. 많은 사람들이 게시물을 올릴수록 인게에 갈 수 있는 확률이 높아지기 때문이에요.

하지만 아쉽게도 교육업에서는 이렇게 고객을 활용해 인기 게시물에 오르는 방법이 적용되기 어렵습니다. 내 고객이 스스로 자신의 인스타에 올릴 정도로 매력적인 콘텐츠가 있지 않으니까요. 단기간에 시험 점수를 내주는 토익 학원, 직장인 전용 외국어 학원, 공방의 원데이 클래스 등은 충분히 가능하지만 과목 학원에서는 역시 어려운 이야기죠.

고객을 활용하기 어렵다면, 원장님이 직접 인스타에 게시물을 올려서 인게를 잡으면 됩니다. 물론 인기 게시물에 오르려면 앞에서 설명드린 것처럼 인스타 알고리즘을 이해하고 사람들이 반응하는 게시물을 만드셔야 합니다. 하지만 아주 어려운 일은 아니에요. 학원에서 사용하는 해시태그는 다른 업종의 해시태그보다는 경쟁이 덜 치열하고, 풀이 좁기 때문이에요.

예를 들어 오늘 입은 옷을 인증하는 해시태그인 #ootd*(=Outfit of Today)* 같은 경우, 하루에도 엄청난 양의 피드가 전세계에서 올라옵니다. 옷을 파는 상점이라면 무조건 쓸만한 해시태그이지만 아마 저 해시태그로 인게를 잡은 사람은 거의 없을 겁니다. 그리고 인게를 잡았다고 해도 온 세계의 사람들이 다 쓰는 해시태그이기에 '한국에서 내 옷을 살만한 고객'이 내 피드를 보았다고 하기도 어렵습니다.

그에 비해 #직장인영어회화 같은 해시태그는 경쟁이 덜 하지요. 그러면서도 니즈가 있는 사람들이 검색할 만한 해시태그입니다.

인기 게시물에 오르려면 어느 정도 계정을 꾸준히 운영하셔야 합니다. 이제 막 계정을 만들어서 팔로워가 10명인 계정으로는 아무리 게시물을 잘 만들어도 인게에 올라가기는 힘들어요. 사람들의 반응을 기반으로 인게에 올려주기 때문입니다.

지금 인게에 못 올라간다고 해서 절대 포기하지 마세요! 차근차근 계정을 키우며 정확하게 해시태그를 사용하다 보면 언젠가는 인게에 올라갈 수 있습니다. 실제 원장님들의 케이스를 많이 봤기에 드릴 수 있는 말씀입니다.

인기 게시물에 오르고 싶다면,
해시태그 이렇게

아마 지금 원장님의 머리 속에는 '인기 게시물이 이렇게 중요한 거였다니!'라는 생각이 드셨을 겁니다. 그리고 '나는 언제쯤 인기 게시물에 갈 수 있지?'라는 고민이 생겼을 수도 있고요. 인기 게시물에 내 게시물이 언제쯤 올라갈 수 있는지 확인할 수 있는 팁을 한 가지 알려 드릴게요.

학원 게시물을 올릴 때, 해시태그의 크기를 확인한 후 다양하게 섞어서 써 보세요. 좀 더 쉽게 이해하실 수 있도록 예를 들어 설명해 드릴게요.

원장님은 직장인 대상의 영어 회화 학원을 운영합니다. 인스타 게시물에 쓰려고 아래와 같이 해시태그를 5개를 뽑았습니다.

#영어회화

#영어학원

#직장인영어

#직장인영어회화

#직장인영어공부

인스타 게시물을 올리기 전에, 내가 쓰려는 해시태그를 미리 검색하세요. 그리고 각 해시태그에 몇 개의 게시물이 있나 숫자를 확인하세요. 이런 게시물의 숫자를 '해시태그의 크기'라고 표현하기도 합니다. 이 해시태그의 크기는 검색량은 아니지만, 해당 해시태그로 그만큼의 게시물이 있다는 사실은 검색량도 상관관계가 있을 거라는 가정에서 출발합니다.

#영어회화 (58.8만)

#영어학원 (24.9만)

#직장인영어 (7.2만)

#직장인영어회화 (3.5만)

#직장인영어공부 (5,000+)

해시태그 '영어 회화'는 거의 60만 개의 게시물에서 사용되었네요. 그에 비해 '직장인 영어 공부'는 5,000개의 게시물에서 사용되

었습니다. 아마 사람들의 검색량도 저 순서를 따라갈 겁니다. '영어
회화'는 많이 검색하고, '직장인 영어 공부'는 많이 검색하지 않을
거예요.

내 계정은 이제 막 만든 계정인데 해시태그를 #영어회화 #영어학
원처럼 경쟁이 높은 해시태그만 쓴다면 인게에 오르기 어렵습니다.
기본적으로 팔로워가 좀 있어야 내가 게시물을 올렸을 때 사람들이
빨리, 많이 반응하기 때문이에요. 이럴 경우는 저 5개의 해시태그를
모두 사용하셔야 합니다. 경쟁이 심한 것, 중간 정도의 것, 경쟁이 약
한 것을 모두 섞어서 써주셔야 해요.

계정을 만든 지 얼마 되지 않아도 원장님이 계정을 잘 운영하셨다
면 1,000개나 5,000개 정도의 게시물이 있는 해시태그는 인기 게시
물에 오를 수 있습니다. 인기 게시물에 올랐나는 어떻게 확인하냐고
요? 게시물을 올리고 반나절 후에 원장님이 쓰신 해시태그를 검색해
보시면 됩니다. 인기 게시물에 오른 것을 직접 눈으로 확인하실 수 있
어요.

이렇게 5,000개의 게시물에 사용된 해시태그의 인게를 잡았다면
원장님은 그 정도 크기의 해시태그는 인게를 잡을 수 있는 겁니다. 그
다음에는 1만 개, 2만 개, 3만 개처럼 점점 큰 해시태그에 도전하시기
바랍니다.

물론 한 번 인게를 잡았다고 해서 올리는 게시물마다 모두 인게에 오를 수 있다는 이야기는 아닙니다. 피드 특성에 따라 사람들의 반응이 다를 수 있기 때문이에요. 학원 계정에서 원장님이 알려주는 공부 팁은 인기가 있지만, 학원 시간표 안내는 큰 인기가 없는 것처럼요. 하지만 한 번 인기 게시물을 잡으면 대략 그 정도의 크기의 해시태그는 쉽게 인기 게시물을 잡을 수 있습니다.

그리고 큰 해시태그를 잡을 수 있을만큼 계정이 커졌다고 해도 해시태그는 다양하게 작은 것, 중간 것, 큰 것, 계속 섞어서 써 주세요. 고객들은 언제 무슨 해시태그를 검색할지 모릅니다. 크기가 작은 해시태그를 소홀히 여겨 고객들이 유입될 수 있는 기회를 놓치지 마세요.

조회수 터지는 릴스, 적극 활용하기

숏폼 영상의 인기가 올라가면서 인스타에서는 2021년 상반기에 '릴스'라는 기능을 도입했습니다. 처음에는 15초 내외의 짧은 세로형 영상을 올릴 수 있는 것이 릴스였는데, 지금은 피드에 동영상을 올리면 자동으로 릴스로 업로드됩니다. 그리고 지금*(2024년 3월 기준)*은 최대 90초까지 만들어 올릴 수 있어요. 짧은 영상뿐 아니라 긴 영상도 릴스에서 시청할 수 있도록 바뀐 거예요.

릴스 기능이 생긴 이후부터 인스타에서는 유저들을 잡아두기 위해 영상을 적극 활용하고 있습니다. 탐색 탭에 릴스를 띄워주거나, 스크롤을 내려 릴스를 연속으로 볼 수 있도록 하는 등 적극적으로 유저들에게 릴스를 보여주고 있어요.

이제는 해시태그보다는 릴스로 인해 잠재고객에게 더 많이 전달되는 추세이기도 합니다. 학원 계정에서 릴스를 잘 활용하시면 더 많은 유저들에게 내 영상을 퍼뜨릴 수 있습니다.

그래서노벰버 계정에 올라간 릴스 콘텐츠

　작작랩에서 진행되는 과정 중에는 학원 인스타그램 코칭 과정과 학원 릴스 챌린지 과정이 있습니다. 코칭을 수강하시는 원장님들을 보면 '릴스에서 조회수가 터지는' 경험을 많이 하세요. 실제 원장님들의 경우를 보면 팔로워는 50명인데 릴스 영상의 시청 수는 5만이 넘어가는 경우도 생깁니다.

　다음에 보여드리는 릴스는, 팔로워 800명 대의 원장님이 올린 영상인데 20만 건 가까운 조회수를 올렸습니다. 인스타 알고리즘의 힘이 대단하죠?

또 다른 원장님은 진정성 있는 콘텐츠, 고객이 궁금해하는 콘텐
츠를 바탕으로 릴스를 꾸준이 운영하면서 지금은 매일 상담 문의를
받는 경험을 하고 계십니다.

인스타에서 릴스를 엄청 밀어주기 때문에 릴스를 올리면 사진 대
비 탐색 탭에 뜨는 경우가 많습니다. 유저들 역시 릴스 탭에서 쉬지
않고 영상들을 시청하기 때문에 사진 피드보다 릴스에서 유입이 많

은 경우가 많죠. 릴스에서 주제 설정을 알맞게 하고 해시태그를 잘 다셨다면 내 고객에게 퍼져나갈 확률이 더욱 높아집니다.

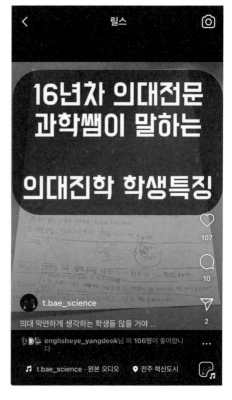

학원 계정에서 릴스를 아직 사용하지 않으셨다면 릴스를 적극 활용하시기 바랍니다. 원장님들은 영상에서 반드시 학원이나 학생들의 모습을 담아야 한다고 생각해서 릴스를 어렵게 생각하십니다. 릴스 영상은 다양한 모션이나 이펙트를 넣어야 할 것 같아서 더욱 어렵게 느끼는 분들도 많고요. 하지만 꼭 학원의 전경이나 학생들의 모습만을 담으실 필요는 없습니다.

원장님의 출근길, 커피숍에서의 주문, 운동하는 모습, 지금 읽는 책 등 다양한 주제로 영상을 담아보세요. 그리고 그 영상을 '원장님의 교육'과 연결시키면 됩니다. 앞에서 예로 들어드린 스타벅스 커피 사진 피드, 기억하시나요? 그것과 동일합니다.

캔바(Canva)나, 캡컷(Capcut) 같은 이미지 영상 편집 Tool을 이용하면 모션과 이펙트가 들어간 영상을 손쉽게 제작하실 수 있습니다. 무료로 사용 가능한 템플릿에도 멋진 기능들이 많으니 꼭 시도하시기 바랍니다. 또한 상상력을 발휘하신다면, 학부모들이 좋아할 만한 정보를 담은 정보성 영상도 만드실 수 있습니다. 원장님이 원하는 영상을 쉽게 제작하실 수 있도록 다양한 앱들이 있으니 꼭 시도하시기 바랍니다.

※ 아래 QR 코드로 들어가면, 캡컷 유료 강의 중, 〈캡컷 다운로드 받고 컷편집 하기〉 영상을 가입 없이 무료로 보실 수 있어요. 커리큘럼 메뉴 중 2번 항목을 살펴보세요.

캡컷 미니강의

클래스 소개	리뷰	커리큘럼	강사 소개	질문

숏품 영상의 이해 & 다이나믹한 영…
▶ VOD　⏱ 00:04:55

편집이 쉬워지는 영상 촬영 팁
▶ VOD　⏱ 00:07:09

2. 캡컷 PC버전 이용해 영상 편집하기 ⌃

캡컷 PC 버전 다운로드 & 컷 편집　　무료공개 ▶
▶ VOD　⏱ 00:09:59

영상에 사진/로고 삽입 & 영상 트랜…
▶ VOD　⏱ 00:11:03

영상에 자막 넣기 (자동 & 수동)
▶ VOD　⏱ 00:11:09

Instagram

제4장

학원 인스타,
더 잘해내고 싶다면

도지나 원장은 기쁜 얼굴로 핸드폰 안의 인스타그램 계정을 이리저리 살폈다.

"학원 인스타 계정의 콘셉트를 잡고 프로필을 정비하니 제 학원 인스타가 뭔가 달라 보여요. 훨씬 더 정돈되고, 긍정적인 느낌이 들어요. 처음에 느꼈던 전단지 같던 느낌도 좀 사라진 것 같고요. 프로필만 세팅했을 뿐인데 느낌이 이렇게 달라지네요."

"원장님이 느낀 그대로를 고객들도 느낄 겁니다. 프로필이 잘 정비되어 있다면 사람들은 그 계정주에게 호기심이 가고, 그 계정주가 무슨 말을 하는지도 훨씬 더 귀 기울여 들을 거예요. 이제 피드만 잘 올려주시면 완벽해지겠네요."

도지나 원장이 작게 한숨을 쉬었다.

"진짜 학원 인스타그램 너무 어려워요. '오늘은 또 뭘 올리지?'라는 생각이 먼저 드니까 학원 인스타그램을 생각하면 가슴이 답답해져요. 그런데 학원 홍보에 도움 된다니까 안 할 수는 없고…. 그러다 보니 그동안 이렇게 관성적으로 똑같은 피드만 올렸네요. 지금 올린다고 해도 또 똑같은 피드만 올릴 것 같아요."

"원장님, 인스타그램은 한 번에 완벽해질 수 없어요. 이것 저것 올려봐야만 내가 올리기에도 부담이 없고, 타인들도 좋아하는 피드를 찾으실 수가 있습니다. 이건 직접 올려보기 전에는 알 수 없어요. 지금은 내 계정의 정체성을 찾아 나가시는 과정이라고 생각하셔야 해요. 이럴 때, 타인의 피드를 잘 관찰하시다 보면 답이 보이실 거예요. 나에게 뜨는 피드를 그냥 보는 것이 아니라 '이 사람은 어떤 점을 잘하고, 어떤 점이 부족한지'를 관찰하는 것만으로도 내 피드에 올릴 수 있는 콘텐츠 아이디어를 찾으실 수 있어요."

"부족한 점에서 배운다는 생각은 미처 못했네요. 생각해보면 당연한 일인데 말이에요."

"콘텐츠를 소비하는 입장에서 원장님의 직감을 따라가면 됩니다. 타인의 피드가 정말 좋다면 그 점을 어떻게 나에게 적용시킬 수 있을지 고민하시면 되고, 타인의 피드가 정말 별로라면 나라면 그런 점을 어떻게 없앨지 고민하시면 됩니다. 특히 '와 이건 진짜 별로다'라는 피드가 있다면 어떤 점이 별로인지를 꼭 생각하시기 바랍니다. 타산지석보다는 반면교사가 더 큰 깨달음을 주는 법입니다."

도지나 원장의 눈빛이 반짝였다.

인스타 피드 콘텐츠 아이디어

    학원 인스타를 시작하면 매번 이런 고민이 들 겁니다. '오늘은 또 뭘 올리지?' 하고요. 학원 사진을 계속 올리자니 지겨울 것 같고, 학생 사진이나 영상을 올리자니 초상권이 걱정이고, 수업 내용을 올리자니 커리큘럼을 너무 다 공개하는 것 같고…. 실제로 많은 원장님들이 피드 콘텐츠에 대해 고민하고 계세요.

    인스타에 올릴 수 있는 콘텐츠는 무궁무진합니다. 꼭 학원 관련된 내용만을 생각하지 마시고 다양하게 범위를 뻗어보세요. 아직 감이 안 오실 원장님들을 위해 몇 가지만 예시를 들어 볼게요.

학원 인스타그램에 업로드 가능한 콘텐츠 유형

⊞ 개인 계정 : 원장님의 일상

⊞ 개인 계정 / 오피셜 계정 : 원장/강사/직원들의 이야기 (수업

준비, 이벤트 준비, 원 내 에피소드 등)

⊕ 개인 계정 / 오피셜 계정 : 내 고객이 좋아할 만한 정보성 콘
텐츠

⊕ 개인 계정 / 오피셜 계정 : 학생들의 (성장) 스토리

⊕ 개인 계정 / 오피셜 계정 : 인스타그램에서 진행하는 유저 참
여 형식의 이벤트

개인 계정은 거의 모든 종류의 콘텐츠를 올리실 수 있다고 생각하
셔도 됩니다. 단, 앞에서 예시로 보여드렸던 것처럼 커피 사진을 올려
도 '내 교육'이나 '내 학원'으로 연결시켜 주시는 게 좋습니다.

제가 추천드리고 싶은 콘텐츠는 '정보성' 콘텐츠입니다. 내 고객이 혹할 만한 주제로 게시물을 올리면 반응을 하게 되고, 내 게시물이 인스타를 타고 퍼져나갈 확률도 높아져요. 사람들이 반응하는 콘텐츠는 그 콘텐츠를 좋아할 만한 사람들에게 인스타 AI가 자동으로 뿌려줍니다. 이미 인스타를 하고 계시다면, 내가 팔로잉을 하지 않았는데도 추천 게시물로 뜨거나 내 탐색 탭에 나와서 나도 모르게 내 시간을 잡아먹었던 적이 있을 겁니다. 그런 식으로 내 게시물도 타인들에게 퍼져 나갈 수가 있어요.

보통 정보성 콘텐츠는 카드뉴스나 영상으로 제작해야 한다고 생각합니다. 그래서 도전하지 않으시는 원장님들이 계십니다. 정보성 콘텐츠의 핵심은 '내 고객이 좋아할 만한 정보를 잘 전달하는 것'이지 전달하는 포맷의 문제가 아니에요.

사진 한 장에 설명을 넣는 게시물로도 충분히 정보를 전달하면서 내 고객들에게 다가갈 수 있습니다. 아직 시도하지 않으셨다면 가볍게 사진 한 장으로 시작하시기 바랍니다. 자세한 설명은 본문에서 하셔도 됩니다. 그리고 콘텐츠에 자신이 생기면 망고보드, 미리캔버스, 캔바 같은 이미지 제작 사이트를 활용해 카드뉴스나 릴스 영상에 도전해 보시기를 바랍니다. 훨씬 더 풍부한 콘텐츠를 만드실 수 있을 거예요.

벤치마킹 활용 노하우와 주의

무언가를 가장 빨리 습득하는 방법 중 하나는 벤치마킹입니다. 인스타 역시도 다른 계정을 보고 배우며 벤치마킹을 할 수 있습니다.

실제 '작작랩'의 인스타 코칭에는 학원 계정 벤치마킹 계정을 찾아보는 숙제가 있습니다. 그때 원장님들이 가장 많이 하시는 실수가 있어요. 원장 입장에서 살펴보고, '나도 이런 거 정리해서 저렇게 올리고 싶네.'하는 계정들을 가져온다는 거예요. 벤치마킹을 할 때는 원장님 입장이 아닌 학부모 입장 혹은 잠재 고객 입장에서 끌리는 계정을 살펴봐야 합니다. 고객 입장에서 살펴보았을 때 마음에 드는 피드를 보고 '왜 이 피드에 내가 끌리는지'를 생각해보셔야 해요.

내가 끌리는 피드가 꼭 학원 관련 피드일 필요는 없습니다. 그 어떤 주제의 피드라도 내가 발전할 가능성이 있다면 무엇이든 벤치마킹 가능해요. 벤치마킹의 포인트는, 콘텐츠 측면, 전체적인 피드 구성 측면, 카드뉴스 디자인 측면, 영상 구성 측면 등 다양합니다.

예를 들어 순정 만화나 로맨스 소설처럼 여성 독자를 위한 책을 다루는 A 출판사가 있다고 가정해 볼까요? A 출판사는 인스타에 책을 소개하는 카드뉴스를 제작해 올립니다. 그리고 그 카드뉴스 맨 마지막 장에는 '로맨스 소설 맛집, A 출판사'라는 슬로건을 넣어 출판사를 홍보합니다. 로맨스 소설을 좋아하는 독자라면 A 출판사에서 보여줬던 '로맨스 소설 맛집'이라는 슬로건이 어느 순간 뇌리에 박히게 될 거예요. 그리고 어느 순간 자신도 모르게 A 출판사를 마주하면, '아, 여기는 로맨스 소설 맛집이지?' 하고 인식하게 될 겁니다.

그래서노벰버 계정도 마찬가지입니다. 맨 마지막에는 '학원 마케팅은 그래서노벰버' 혹은 '학원 블로그만 1만 개 이상 코칭한 그래서노벰버입니다.'처럼 다양한 슬로건들이 있습니다. 이 슬로건은 카드뉴스의 내용에 따라서 조금씩 달라지지만 큰 줄기는 똑같습니다. '학원 마케팅 = 그래서노벰버'라는 공식을 이야기하고 있어요. 학원 마케팅에 목마름을 느끼고 여기저기 찾아보던 원장님들이라면 그래서노벰버의 카드뉴스 마지막이 확 와닿을 수 있을 겁니다.

이런 사례들을 벤치마킹해서 원장님들의 학원 카드뉴스 게시물 맨 마지막에 내 학원만의 특별한 슬로건을 넣어서 마무리하면 되겠죠?

초등부 대상의 개별 맞춤 학습 수학학원을 예시로 들어 볼게요. 아이들이 개별적으로 지도를 받으며 수학 학습을 하고 있는 사진과 설명의 게시물을 올립니다. 게시물 맨 마지막장에는 '1:1 개별 맞춤 학습이 만드는 수학 1등급.'이라는 슬로건을 넣은 이미지를 넣습니다. 이렇게 반복되는 문구는 내 고객들에게 점차 내 브랜딩으로 다가 갈 거예요. 벤치마킹에서는 타인의 피드를 똑같이 따라하는 것이 아니라 이런 식으로 나만의 방법으로 소화해 내 것으로 만드는 작업이 중요합니다.

그럼 이렇게 끌리는 인스타 계정과 피드는 어디서 찾아야 할까요? 물론 많이 보면 많이 찾을 수 있죠. 하지만 학원 운영으로 바쁜 원장님들이 하루종일 인스타만 보고 있는 것은 현실적으로 불가능합니다. 좋은 팁을 알려드릴게요. 인스타는 비즈니스 계정이 벤치마킹을 쉽게 할 수 있도록 도움을 주는 기능을 제공하고 있어요.

다른 계정에서 아이디어 얻기

내 프로필 '프로페셔널 대시보드' 메뉴 클릭

스크롤을 내려 [팁 및 리소스] 메뉴에 있는 '아이디어' 클릭(2024년 3월 기준)

이 탭에 들어오시면 나와 비슷한 비즈니스 계정, 혹은 크리에이터 계정들이 올린 피드들을 모아 보실 수 있습니다. 내가 팔로우하고 있지 않은 계정의 게시물을 보여주기도 하고, 내가 팔로우한 계정들의 게시물 중 아주 오래된 게시물을 보여주기도 합니다.

이 탭을 둘러보시면서 다른 계정에서는 어떤 종류의 게시물을 올리는지, 어떤 워딩을 사용하는지 살펴보세요. 사진이나 영상의 톤앤매너는 어떤지도 보면서, 아주 작은 하나라도 원장님의 피드에 적용할 포인트를 발견하신다면 그것으로 충분해요.

여기서 잠깐! 벤치마킹은 '카피' 혹은 '도용'과 다릅니다. 길게 설명드리지 않아도 아실 거예요. 카피나 도용은 베낀 사람, 자기 자신이 가장 잘 압니다. 원장님의 양심을 믿고 카피가 아닌 벤치마킹을 시도하세요.

그리고 아무리 좋은 게시물을 똑같이 카피한다고 해도 내 인스타그램 계정에 올리는 순간 그 게시물처럼 되지 않습니다. 계정의 성격, 타겟, 팔로워, 지역 등 모두 다 다르기 때문이에요. 내 계정에 맞추어 변경해야만 진짜 나에게 도움이 되는 게시물이 됩니다.

벤치마킹은 '이제부터 벤치마킹을 해야 하니까 게시물을 찾아봐야지!' 하고 결심하고 진행하는 것이 아닙니다. 인스타그램을 하실 때마다 '좋은 피드를 발견하면 잘 살펴보고 내 것으로 만들어야지!' 라고 생각하고 매일 루틴처럼 진행하셔야 해요. 이 경우 책갈피 모양의 **'컬렉션'** 기능을 활용해서 따로 저장해 모아놓으시면 나중에 도움이 됩니다(7장에 컬렉션 기능에 대한 자세한 설명이 있습니다).

오늘부터 인스타그램 탐색 탭에서 타인의 게시물을 보실 때는 벤치마킹 요소를 찾아보세요. 내 계정이 폭발적으로 성장하는 포인트를 찾으실 수 있을 거예요.

인사이트 적극 활용하세요

어떤 일이든 현재의 상황을 판단하거나 향후의 계획을 세울 때는 감에 의존하기보다는 숫자로 나와있는 데이터를 기반으로 판단을 내리는 것이 좋죠?

인스타 역시 '인사이트'라는 메뉴를 통해 내 인스타 계정의 현황을 숫자로 알려주고 있어요. 이 인사이트 메뉴는 인스타 계정을 프로페셔널 계정(비즈니스 or 크리에이터)으로 변환해야 보입니다. 이 인사이트는 두 곳에서 찾아볼 수 있는데 프로필 상단에서 '**프로페셔널 대시보드**'라는 탭과 각 게시물 하단에 '**인사이트**'라는 버튼을 통해 확인할 수 있어요.

먼저 프로페셔널 대시보드부터 살펴볼까요? 프로페셔널 대시보드는 내 계정의 전체적인 현황을 보여줍니다. 내 계정 전반에 대한 인사이트라고 생각하시면 됩니다. 내 게시물을 본 계정(도달)이 몇 개인

지, 내 게시물에 참여(좋아요, 댓글, 저장, 공유)한 계정이 얼마나 되는지, 인스타 세상에서 내 계정의 활동 지표를 보여줍니다. 각각을 누르면 더세부적인 숫자들을 볼 수 있어요.

이번에는 각 게시물 하단에 있는 인사이트 버튼을 살펴볼까요?

프로페셔널(비즈니스, 크리에이터) 계정은 다음 이미지처럼 모든 게시물하단에 '인사이트 보기'라는 메뉴가 생깁니다. 이 메뉴를 클릭하면 해당 게시물의 활동 지표를 숫자로 볼 수 있어요. 각 게시물마다 클릭해

서 보시면 됩니다.

인사이트를 잘 이해하기 위해서는 여기에서 사용되는 단어를 정확히 알아야겠죠?

인사이트에 등장하는 단어들

▽ 도달 : 내 게시물이 보여진 계정의 수

▽ 노출 : 내 게시물이 타 계정들에게 보여진 횟수

▽ **홈** : 타 계정이 홈 탭에서 내 게시물을 확인한 횟수

▽ **프로필** : 타 계정이 게시물을 보다가 내 프로필로 유입되거나, 내 프로필에 들어와 게시물을 확인한 횟수

▽ **해시태그** : 내가 게시물에 적은 해시태그 중 한 개를 검색해서 타 계정이 유입된 횟수

▽ **기타** : 홈, 해시태그, 프로필을 제외하고 타 계정이 유입된 횟수(저장, DM, URL 등)

이중 많은 원장님들이 도달과 노출의 차이점을 헷갈려 하시는데요, 예를 들어 설명해 보겠습니다.

20개의 계정이 내 게시물을 보았습니다. 그럼 도달은 20이에요. 쉽죠? 보통 1명이 1개의 계정을 가지고 있다고 가정하고 쉽게 계산하면 20명이 내 게시물을 보았다고 생각하면 됩니다. 그런데 20명 중에서 3명이 똑같은 게시물을 2번씩 게시물을 봤네요. 그럼 노출은 23입니다. 아래와 같이 계산했어요.

17명 × 1명 = 17 ∣ 3명 × 2번 = 6 ∣ 17 + 6 = 23

한 사람이 서너 번씩 똑같은 게시물을 볼 수도 있기에 도달과 노출은 따로 계산됩니다.

위에서 설명드렸던 각각의 단어들에 대해 더 자세하게 설명할게요. 이 부분은 처음 접하시는 분들에게는 어려운 개념일 수 있으니 천천히 정독해보시기를 바랍니다.

홈

홈 탭은 내가 팔로우한 계정들의 게시물을 모아서 볼 수 있는 곳입니다. 따라서, 홈 탭의 숫자는 '내 팔로워들이 내 게시물을 얼마나 보았는가?'를 확인할 수 있는 숫자입니다.

만약 내 팔로워가 1만 명인데, 홈 수치가 500이라면 1만 명 중 500명만 내 피드를 홈 탭에서 보았다는 뜻이 됩니다. 인스타 알고리즘은 '홈 탭에 뜨는 게시물을 시간순이 아니라 나와 친한 이들의 게시물을 먼저 띄워'줍니다. 홈 수치가 너무 낮은 경우는 내가 팔로워들과 잘 소통하고 있지 않음을 뜻합니다. 서로 소통하지 않기에 점점 게시물이 홈 탭에서 밀려 보이지 않는 것이죠.

빠른 시간 내에 많은 사람들의 반응을 받아야 하는 인스타 인기 게시물의 로직 상, 홈 수치가 너무 낮으면 인기 게시물에 오르기 어렵습니다. 홈 수치가 너무 낮다면 팔로워들과 조금 더 소통하세요. 하루 일정량의 '좋아요'를 눌러주는 것만으로도 홈 수치가 올라갈 수 있습니다.

해시태그

해시태그 수치는 타 계정이 내가 게시물에 사용한 해시태그를 검색해 내 게시물을 접한 횟수입니다. 단, 해시태그를 여러 개 썼을 때, 여러 개를 각각 통계를 내어 보여주지는 않습니다. 만약 한 개의 게시물에 10개의 해시태그를 사용했고, 해시태그 수치가 300이라고 하면, 어떤 해시태그인지는 몰라요. 10개 중에 하나를 검색해서 내 게시물에 유입된 횟수가 300번이라는 뜻이 됩니다.

해시태그 수치가 유난히 폭발하는 게시물이 있다면 어떤 해시태그를 썼는지 다시 한 번 살펴 보세요. 사용한 해시태그 중에서 사람들이 검색했을 법한 해시태그를 추려서 기억해 두세요. 그리고 그 해시태그들을 다음 게시물에도 사용해 반응을 확인해보시면 좋습니다. 타인에게 퍼져나갈 수 있는 게시물을 만들 수 있어요.

프로필

프로필 수치는 2가지 경우의 수를 갖고 있습니다. ① 내 프로필에 먼저 들어와서 게시물을 확인한 경우와 ② 게시물을 먼저 보고 내 프로필까지 확인한 경우입니다.

보통 1번의 경우보다는 2번의 경우가 많을 테니, 프로필 수치가 높은 경우에는 원장님의 게시물이 사람들에게 호기심을 자아냈다는 뜻입니다. 게시물을 보고 '계정주가 누구인지 궁금하거나, 더 많은 게시물들이 보고 싶어서' 프로필을 클릭했다는 뜻이니까요.

프로필 수치가 높은 게시물의 경우, 어떤 주제의 게시물(정보성, 개인 신상, 학생 이야기 등)을 어떤 포맷(사진, 카드뉴스, 영상, 릴스 등)으로 올렸는지를 꼭 확인하세요. 프로필 수치가 높은 게시물을 여러 개 살펴보고 그 게시물들의 공통점을 뽑아내는 것도 좋습니다. 사람들이 반응하는 게시물을 만드실 수 있습니다.

기타

기타의 경우, 위의 3가지 경우를 제외하고 내 게시물에 유입되는 횟수를 보여줍니다. 저장했던 피드를 다시 한 번 살펴보거나, DM으로 누군가에게 받았거나, URL을 통해 들어오는 등의 수치이죠.

아마 이 숫자가 눈에 띌 정도로 높은 경우는 거의 없으실 겁니다. 하지만 기타 항목으로 유입되는 사람들이 있다는 것은 원장님의 피드가 매력적이라는 증거입니다. 다시 보기 위해 저장했거나 누군가에게 보라고 전달했기 때문이죠. 인사이트를 확인하실 때 기타 항목이 있는지도 꼭 눈여겨 봐주세요.

인사이트를 잘 살펴보면 어떤 피드들을 사람들이 좋아하고 반응하는지를 쉽게 알 수 있어요. 그리고 원장님이 더 많은 잠재 고객들을 만나기 위해 어떤 부분을 잘하고 있고, 어떤 부분에서 보충이 필요한지도 확인하실 수 있습니다.

인사이트를 확인하는 것에서 그치지 말고, 그 데이터가 가지고 있는 숨은 뜻을 분석하고, 데이터를 바탕으로 내 학원 계정이 나아갈 방향을 설정하시기 바랍니다. 내가 좋아하는 것이 아닌 대중이 좋아하는 것을 따라가는 마케팅은 다릅니다. 분명 그 차이를 느끼실 거예요.

참고로 인스타그램 인사이트는 광고를 돌리기 전에 볼 수 있는 화면과 광고를 돌린 후에 보이는 화면이 다릅니다. 광고를 돌리기 전에는 오가닉(*organic, 유료 광고를 집행하지 않고 생성되는 트래픽*)하게 내 계정에 유입되는 수치만 보입니다. 광고를 돌린 후에는 광고로 인해 얼마나 유입이 되었는지까지 볼 수 있습니다. 광고 관련한 인사이트 부분은, 이후에 광고 영역에서 자세하게 설명해 드릴게요.

내 블로그 포스팅으로 데려와 설득하기

이웃과 소통하는 재미를 위해, 혹은 인플루언서가 되기 위해 인스타를 하는 원장님들이 많지는 않을 거예요. 대부분이 인스타가 내 교육 사업에 도움이 되기를 바라며 운영하려고 할 겁니다. 그렇다면 꼭 인스타와 함께 블로그도 운영하셔야 해요. 인스타 자체가 내 교육 사업에 도움이 되는 것은 분명한 사실이지만, 블로그와 함께 운영할 때 시너지가 더 커집니다. 즉, 인스타 고객을 블로그로 데려와 내 편으로 만드는 전략을 실현해야 합니다. 이게 도대체 무슨 이야기냐고요?

인스타는 주로 사진과 영상으로 사람들의 관심을 끕니다. 요즘에는 정보성 콘텐츠도 많아서 글밥이 많은 카드뉴스나 본문 콘텐츠도 많아요. 하지만 기본적으로 인스타는 눈과 귀가 즐거운 플랫폼입니다. 탐색 탭에 들어가면 인스타 AI가 내 취향을 분석해 내가 관심을 가질 만한 게시물을 띄워주어서 끊임없이 즐겁게 콘텐츠를 소비할 수 있죠. 사람들에게 인스타는 가볍고 재미있는 플랫폼일 뿐, 인스타 콘텐츠를 바탕으로 인생의 큰 결정을 내리는 일은 없습니다. 쇼핑도 쉽지 않아요.

물론 상업용 인스타 계정이나 공구 계정을 운영하면서 제품과 서비스를 잘 판매하시는 분들도 많습니다. 하지만 이렇게 판매가 이루어지는 계정들은 대부분 쉽게 결정을 내릴 수 있는 저관여 상품입니다. 머리핀, 육아용품, 레토르트 음식 같은 것들이요. 쇼핑이 망해도 크게 내 삶에 영향을 미치지 않습니다. 그냥 다음에 안 사면 되거든요.

반면, 원장님이 판매하려는 것은 교육입니다. 오랜 시간 고민하며 어렵게 결정을 내려야 하는 대표적인 고관여 서비스에요. 물론 취미로 한 번 해 보는 원데이 클래스의 경우에는 교육이긴 하지만 인스타에서 판매가 이뤄질 수도 있겠네요. 하지만 자녀의 미래를 담보로 한 수학, 영어와 같은 주요 과목을 비롯하여 다양한 교과목 수업들은 인스타에 올라온 게시물을 보고 관심을 가질 수는 있어도 구매까지 연결되기에는 부족합니다. 고객은 스스로 결정에 확신을 갖고 싶어하거든요. 이때 블로그가 그 결정에 확신을 심어줄 수 있어요.

인스타와 달리 블로그는 글, 영상, 글을 조화롭게 배치하는 것이 가능하므로 일단 글을 읽기 시작하면 계정주가 원하는 내용을 전달하기에 좀 더 최적화되어 있기 때문이에요. 인스타보다 더 깊이 있는 내용 전달이 가능합니다.

블로그는 일단 글을 읽기 시작하면 타 콘텐츠의 방해 없이 글을 읽을 수 있고, 글의 호흡이 길기 때문에 원장님이 원하시는 이미지와 내용을 충분히 전달하실 수 있어요. 또한 인스타그램에서 전하기 어려웠던 다양한 주제의 학원 이야기들을 전달할 수 있죠. 블로그를 잘 운영하고 계신다면 블로그 내에서 계속 다양한 포스팅을 읽으며 학원에 대한 호감과 신뢰를 쌓을 수 있습니다. 만약 당장의 상황에서 블로그 운영이 어렵다면, 고객들에게 어필할 수 있는 블로그 글을 5~10개 정도만 써 두는 것도 방법이에요.

인스타와 블로그는 각각 역할을 달리하며 공조할 수 있습니다. 인스타로는 사람들의 관심을 끌고 내 학원을 살펴보게 만듭니다. 그리고 그렇게 관심 가진 고객을 블로그로 유입시켜 더 진지한 영업 작업을 하는 거죠. 이제 좀 감이 오시나요?

그렇다면 인스타에서 어떻게 내 블로그 포스팅으로 고객을 데려올 수 있을까요? 인스타에서 제공하는 링크 메뉴를 잘 활용하는 것이 중요합니다. 2024년 현재, 인스타에서 외부 링크를 허용하는 곳은 딱 3곳입니다.

프로필 링크

내 프로필을 클릭하면 링크를 적어넣을 수 있도록 되어 있습니다.

현재 5개까지 링크를 적어 넣을 수 있어요.

스토리 내 링크 스티커

스토리를 올리실 때 '링크 스티커'에 내가 원하는 URL을 입력하실 수 있습니다. 사람들은 스티커를 클릭해 내가 적어둔 링크로 이동할 수 있어요.

돈을 내고 광고를 집행하는 경우 CTA(Call To Action, 행동 유도 버튼) 기능

'더 알아보기' 버튼을 클릭하면, 내가 설정한 링크로 사람들이 이동하도록 설정할 수 있습니다.

이 3곳을 잘 활용하셔서 내 학원 인스타에서 블로그도 유도해야 합니다. 인스타는 사람들의 관심을 이끌고, 더 알아보고 싶게 만드는 일종의 온라인 전단지로 활용할 수 있어요. 예를 들어 인스타에서 적당한 수준까지만 정보를 전달하고 더 궁금한 점은 블로그에서 읽어

보라고 유도하는 것입니다.

사람들이 자신의 의지로 블로그로 이동할 수 있도록 흥미로운 인스타 콘텐츠를 만드는 것이 중요해요. 진짜 그들에게 필요한 정보를 담아내거나, 매력적인 이야기를 풀어내거나, 스토리의 뒷부분을 예상할 수 없게 만드는 등 여러 가지 방법이 있습니다. 다양한 방법으로 고객들을 블로그도 유도하셔서 블로그를 통해서는 좀 더 긴 이야기를 읽게 하세요.

여기서 주의할 점이 있습니다.

첫째, 인스타와 블로그에서 같은 맥락의 이야기를 하셔야 합니다. 특히 블로그의 앞부분에서는 반드시 인스타에서 하던 이야기를 연결해서 풀어나가셔야 해요. 인스타에서는 A라는 이야기를 했다면, 블로그에서도 앞부분에 그 A에 관련된 이야기를 하셔야 합니다. 그렇지 않다면 인스타를 통해 관심 갖고 블로그로 유입된 사람들은 '이건 내가 기대한 내용이 아닌데!'라며 바로 이탈할 거예요.

둘째, 인스타와 연결되는 블로그 콘텐츠 역시 흥미로워야 합니다. 학원 광고나 학원 홍보처럼 보이는 글은 사람들이 끝까지 읽지 않고 이탈할 거예요. 사람들의 흥미가 떨어지지 않도록 그 호흡을 계속 이어가 주세요. 매력적인 콘텐츠는 억지로 내 이야기를 넣지 않아도 사람들에게 나를 각인시키고 호감을 불러일으킬 수 있습니다.

메뉴처럼 사용하는
스토리 하이라이트 기능

스토리 하이라이트란 프로필 설명 하단에 동그랗게 사진을 모아 볼 수 있는 기능을 말합니다. 그냥 스토리를 빼고 하이라이트라고도 불립니다. 하이라이트를 설정하지 않은 계정에서는 아예 이 기능이 보이지 않고, 설정한 계정에서만 볼 수 있습니다.

하이라이트를 사용하면 내 고객들에게 알리고 싶은 정보들을 상단에 게시해 둘 수 있습니다. 항상 내 피드 상단에 올려둘 수 있으며, 여러 개의 피드들을 모아 한 곳에 게시할 수 있기에 주목성이 높습니다. 또한 하이라이트 제목과 커버를 설정해 내가 전달하고 싶은 정보를 고객들에게 더욱 쉽게 전달할 수 있습니다.

게시물 고정 기능(7장에서 설명)은 딱 3개의 게시물만 상단에 고정 가능하지만, 하이라이트는 거의 무제한으로 피드를 올려둘 수 있기에 더욱 다양하게 활용할 수 있습니다. 또한 하이라이트는 지속적으로, 무한하게 업데이트할 수 있습니다. 하지만 너무 많은 하이라이트는

오히려 고객의 선택을 받지 못해요. 5개 이내로 설정하기를 추천합
니다.

　이 기능이 '스토리 하이라이트'라고 불리는 이유는, 스토리에 올
렸던 콘텐츠만 하이라이트에 담아 놓을 수 있기 때문이에요. 그래서
하이라이트를 사용하려면 '스토리' 기능을 먼저 익히셔야 합니다.
즉, 하이라이트는 피드 게시물을 모아두는 곳이 아니라 '스토리'를 모아두는 기능입니다.

스토리란 24시간만 보여지고 사라지는 게시물입니다. 스토리는 게시물과 똑같이 사진과 영상을 올릴 수 있으며, 기존에 내가 올렸던 인스타 게시물도 올릴 수 있습니다. 스토리는 24시간만 보여지고 사라지지만 하이라이트에 남겨둔다면 영원히 남길 수 있습니다. 또한 게시물과는 달리 '스티커' 기능을 통해 다양하게 꾸밀 수도 있어요.

스토리를 올리는 방법과 하이라이트를 설정하는 방법은 네이버나 유튜브에 찾으면 바로 나올 정도로 많습니다. 사실 검색하지 않으셔도 인스타 버튼을 누르다 보면 어떻게 올리는지 바로 아실 거예요. 기능적인 설명이라 영상으로 설명드리는 것이 훨씬 쉽기에, 안내 영상을 첨부해 드립니다. 필요하신 분들은 아래 QR 코드를 눌러서 안내 영상을 살펴보세요.

스토리 만들기   하이라이트 만들기

하이라이트는 내 인스타 계정의 브랜딩을 완성하는 요소 중 하나입니다. 어떤 메뉴를 하이라이트에 올렸는지만 봐도 그 인스타 계정의 성격이 보이니까요.

또한 하이라이트는 원장님의 일손을 덜어줄 수도 있습니다. 학원을 운영하다 보면 자주 받는 질문이나 학부모들이 보고 싶어하는 콘텐츠들이 있을 겁니다. 그런 것들을 모아 하이라이트로 올려보세요. 예를 들어 '오시는 길' 게시물을 하이라이트에 올려 두었다고 생각해 볼까요? 학원을 쉽게 찾아올 수 있게 직접 사진도 찍어 올리고 오는 방법, 주차 안내도 자세히 적어두면 좋겠죠? 이 외 레벨 테스트, 성적 향상 후기, 학부모 간증, 학원 현장 영상, 특별한 이벤트 영상들도 하이라이트에 정리해 보여주면 좋을 항목들입니다.

원장님의 학원에 관심이 있는 고객이라면 원장님의 피드를 아주 많이, 오래도록 살펴봤을 겁니다. 그리고 하이라이트에 올려둔 게시물도 다 살펴볼 거예요. 그들의 궁금증을 풀어줄 수 있도록 하이라이트에 다양한 정보들을 올려두세요. 그리고 학부모들에게 어필할 수 있는 학원 자랑도 함께 올려주세요. 이 하이라이트를 지속적으로 업데이트해 주시면 원장님의 일손을 덜어주는 만능 비서가 됩니다.

Instagram

제5장

인스타 노출 알고리즘

"원장님, 학원 인스타에 하루 몇 시간이나 할애하고 계신가요?"

"네?"

"인스타가 잘 되려면 피드를 잘 올리는 것도 중요하지만, 사람들과 소통하는 것도 중요해요. 잘 소통하고 계신가요?"

도지나 원장은 난감한 표정으로 대답했다.

"아…, 매일 고심해서 인스타 피드를 올리고 있어요. 그리고 자주 보이는 계정 서너 개에 '좋아요'를 누르고 바로 개인 계정으로 바꿔요. 계정을 두 개 운영하다 보니…. ^^;;; 그래서 학원 인스타는 사진을 잘 올리는 것에 집중하고 소통하는 건 매번 잊어버리게 되네요. 사실 학원 업무로 바빠서 인스타를 오래 잡고 있을 시간이 없기도 하고요."

"바쁘신 건 알겠지만 인스타 알고리즘을 잘 이용하려면 사람들과 소통하셔야 해요. 그래야 그들의 홈 탭 피드에 내 게시물이 뜰 수 있어요. 소통하지 않으시면 원장님의 피드는 아무에게도 뜨지 않을 거예요."

"아무에게도 뜨지 않는다는 게 무슨 말씀인가요?"

"문자 그대로예요. 인스타에 접속하면 내 팔로워들의 게시물이 뜨는 홈 탭이 있죠? 거기서 원장님을 팔로우한 팔로워들에게 원장님의 게시물이 보이지 않는 거예요. 열심히 게시물을 올리셨지만 다른 사람들에게 닿지 않는 겁니다. 소통하지 않아서 저 뒤에 위치해 있게 될 거거든요."

도지나 원장의 얼굴이 어두워졌다. 열심히 올린 인스타 게시물이 내 팔로워에게조차 보여지지 않는다 생각하니 그동안 헛고생을 한 느낌이 들어서였다.

인스타가 직접 밝힌 노출 알고리즘

인스타의 알고리즘을 이해하면 영리하게 인스타를 활용할 수 있어요. 인스타는 유저들의 활동을 기반으로 움직이는 SNS입니다. 내가 인스타에서 활동을 많이 하면 할수록 나에게 딱 맞는 피드를 추천해줍니다.

네이버에 접속하면 누구에게나 같은 화면이 보입니다. 하지만 인스타는 개인별로 보이는 화면이 달라요. 더 정확하게는 '나에게 보이는 피드'가 다릅니다. 홈 탭(인스타 하단의 집 모양 아이콘을 눌렀을 때 보이는 화면)과 탐색 탭(인스타 하단의 돋보기 모양 아이콘을 눌렀을 때 보이는 화면)에서 보이는 피드는 개인마다 달라요. 자신이 팔로우하고 있는 계정이나 시간을 들여 시청하거나 '좋아요'를 누른 게시물에 따라 각자 다른 피드가 보입니다. 2016년부터 적용된 사항이에요.

2010년, 인스타가 처음 출시되었을 때는 딱 1장의 사진만 올릴 수 있었어요. 그리고 홈 피드에는 내가 팔로잉한 계정들이 게시물을 업로드한 '최근 시간 순서'대로 보여졌습니다. 그러나 인스타를 사용하는 유저들이 많아지자 인스타는 2016년에 피드 노출 방식, 즉 알고리즘을 변경합니다. 시간 순서대로 사진을 노출하면, 게시물을 자주 올린 사람의 게시물만 즐비할 거예요. 또한 나와 소통을 많이 하는 진짜 친한 사람의 게시물을 놓칠 수도 있을 겁니다. 그래서 2016년부터 인스타는 사람들의 행동 패턴에 따라 피드, 탐색, 릴스에서 각기 다른 알고리즘을 사용합니다.

알고리즘이라고 하니 갑자기 어려운 이야기가 시작된 것 같아 두통이 생기셨나요? 쉽게 말씀드리자면 인스타 AI는 원장님이 인스타에서 누르는 '좋아요', '답글', 'DM' 등 모든 패턴들을 유심히 관찰합니다. 관찰한 데이터를 바탕으로 원장님의 취향을 파악하고 그에 맞는 피드들을 띄워주는 거예요.

그래서 이게 학원 인스타랑 무슨 관련이 있냐고요? 학원 계정으로 소통을 하지 않는다면, 내 피드는 내 팔로워들의 홈 탭 저 아래 위치하게 되고, 사람들에게 노출이 되지 않을 확률이 커진다는 겁니다.

이번 장에서는 여기까지만 설명하고 다음 장에서 더 자세히 설명하도록 할게요.

다음에 설명하는 내용들은 2021년 6월 8일, 인스타에서 직접 발

표한 알고리즘 로직을 바탕으로 작성된 내용이에요. 인스타 알고리즘을 어떻게 이용해야 내 학원 계정이 잘 될 수 있을지 함께 알려드릴 테니 꼭! 천천히 읽어보시고 내 학원 계정에 적용하시기 바랍니다.

노출되려면 열심히 소통해야 합니다

학원 홍보에 도움이 된다고 하니 인스타 운영은 해야겠고, 소통을 할 시간은 없고…. 그래서 혹시, 인스타에 접속해서 피드만 하나 슬쩍 올리고 앱을 닫아버리지는 않았나요? 이런 행동을 과연 인스타가 좋아할까요? 원장님이 이렇게 올린 인스타 피드를 사람들에게 잘 띄워 줄까요?

만일 내가 연예인 혹은 유명 인플루언서라서 '.'(점)만 찍어도 사람들이 관심을 갖고 '좋아요'를 눌러준다면 그렇게 인스타를 운영해도 상관없습니다. 사람들이 알아서 찾아와 내 게시물을 볼 테니까요. 하지만 우리 모두 일반인입니다. 게다가 개인 계정도 아닌, 학원 계정을 운영해야 해요.

인스타라는 매체는 요물이에요. 실제 인스타를 운영하면서 몸소 깨달은 사실이 있습니다. 내가 인스타라는 매체 안에서 시간을 보내고, 타인의 게시물에 '좋아요'와 '댓글'을 많이 남기면, 내가 올린 게시물의 반응이 점점 올라갑니다. 하지만 피드만 올리고 타인과 소통을 하지 않으면 내 '좋아요'의 수는 점점 내려가게 되죠. 바로 '도달율'이 떨어지기 때문이에요. 내가 인스타 속에서 소통을 하지 않으면 나를 팔로잉하는 사람들에게 내 피드가 제대로 도달하지 않아요. 이게 무슨 말이냐고요?

인스타의 홈 탭에는 내가 팔로잉하는 사람들의 게시물이 모여 있습니다. 보통은 그 홈 탭을 통해 내 인친(인스타 친구)들의 근황을 살피게 되죠. 그런데 사람들은 보통 인스타에서 수백 명 혹은 수천 명을 팔로잉합니다. 수천 명의 내 인친들이 올린 게시물을 모두 보려면 정말 많은 시간을 인스타에 빠져 지내야 해요. 하지만 실제 원장님이 인스타를 활용하는 패턴을 생각하시기 바랍니다. 작정하고 공부하듯 2시간 3시간씩 인스타 게시물을 보시지는 않죠? 심심하거나 자투리 시간이 생겼을 때 순간 순간 인스타를 켜고 봅니다. 이 말은, 현실적으로 우리는 많은 수의 인친을 팔로잉하더라도 그들이 올린 모든 게시물을 볼 수는 없다는 거예요. 아주 일부만 보게 됩니다.

과거에는, 내가 팔로잉하는 사람들이 올린 게시물이 시간 순서대로 올라왔습니다. 즉 홈 탭 피드와 스토리에서 '내가 팔로우한 사람들이 최근에 올린 게시물'을 보여줬어요. 하지만 그러다 보니 문제점이 생겼어요. 사람들은 홈 탭 피드와 스토리에서 나와 가까운 사람들의 콘텐츠를 보고 싶어하는데, 최신순으로 올라오다 보니 진짜 친한 사람들의 게시물을 놓치게 되는 겁니다.

그래서 지금은 인스타에서 게시물을 보여주는 알고리즘이 변했습니다. 더이상 홈 탭과 스토리에 올라오는 게시물은 시간 순서대로 보이지 않습니다. 사람들의 행동을 시그널로 하여 순위를 매기고 그 순위에 따라 보여줍니다. 예를 들어 게시물이 공유된 시간, 게시물을 핸드폰으로 올렸는지 혹은 컴퓨터로 올렸는지, 동영상에 '좋아요'를 얼마나 눌렀는지 등을 모두 합산하여 순위를 매겨요.

이 게시물을 사람들이 얼마나 좋아하는지(좋아요, 답글, 저장 등), 지난 몇 주간 나와 이 게시물을 올린 사람은 얼마나 상호 작용을 했는지(좋아요, 답글, DM 등), 내가 주로 보는 특정인의 게시물이 있는지, 내가 그동안 '좋아요'를 눌렀던 게시물을 무엇인지…, 인스타그램은 이러한 정보들을 기초로 나의 취향을 파악합니다. 그리고 순위를 정해 내가 좋아할 만한 순서대로 홈 탭과 스토리에 게시물을 띄워줍니다.

이 이야기를 반대로 하면 어떻게 될까요? 내 학원 계정에 적용한다면요. 사람들의 홈 탭에 내 학원 계정에서 올린 게시물이 상단에 뜨려면 사람들은 내 게시물에 '좋아요'를 누르고, 답글을 달고, 저장을 하는 등 반응을 해야 합니다. 즉, 인스타에서 내 인친들이 내 게시물에 반응(좋아요, 댓글, 저장, DM 등)하도록 만들어야 해요. 그들이 내 게시물에 반응하지 않는다면, 점차 내 게시물은 그들의 홈 탭의 저~ 아래로 내려가게 되고, 도달조차 하지 못할 겁니다. 그들에게 도달하지 않으니 게시물이 보여지지도 않고, 당연히 '좋아요'나 '댓글'도 받기 어렵겠죠. 이제는 좀 이해가 가시나요?

따라서 사람들이 '좋아요'를 누르거나, 댓글을 달며 소통하고 싶은 게시물을 올리셔야 합니다. 이는 말씀드린 것처럼 매일 똑같은 학생 뒤통수 사진이나 판서 사진 등을 올리지 말아야 하는 이유이기도 하죠. 사람들이 관심을 가질만한 피드를 올리고, 지속적으로 그들의 반응을 받아야 그들의 피드 상단에 내 게시물이 뜰 수 있습니다.

이와 관련해 유용한 팁을 알려드릴게요. 내 팔로워의 대부분이 내 잠재 고객인 학부모 혹은 학생인 경우에 해당됩니다. 만일 학원 신입생 설명회나 신규생을 모으기 위한 이벤트가 있다면, 그 이벤트 전에 인스타로 먼저 소통하세요. 내 팔로워들의 계정에 방문해 '좋아요', '답글' 등을 남기고, 사람들이 좋아할 만한 게시물들도 많이 올리세요. 사람들의 댓글을 유도하는 이벤트 피드를 올리셔도 좋습니다. 이렇게 타인들과 소통을 많이 한 이후에 설명회 피드나 신규생 이벤트 게시물을 올려주세요. 아무런 소통도 하지 않은 상태보다 더 많은 팔로워들의 홈 피드 상단에 내 게시물을 띄울 수 있습니다.

사람들이 반응할 만한 게시물을 만드는 것이 너무 어렵다면, 다른 방법이 있습니다. 팔로워들과 적극적으로 소통하시면 됩니다. 사람들은 나에게 반응하는 사람들에게 감사의 마음을 갖고, 그들에게 반응합니다. '좋아요'를 눌러준 사람에게 '맞방(나에게 좋아요를 눌러준 사람에게 감사의 의미로 좋아요를 눌러주는 것)'을 하러 가고, 나를 팔로우 한 사람이 누구인지 궁금해서 프로필을 확인하죠. 이러한 반응들은 나와 타인의 친밀도를 올리는 데 도움을 줍니다. 보통 원장님들은 학원 계정에 주기적으로 게시물을 올리는 것에만 목표를 두고, 소통은 신경 쓰지 않는 분들이 많이 계십니다. 인스타가 Social Network Service라는 것을 생각하시기 바랍니다. 사람들과 소통하지 않는다면, 원장님의 게시물은 점차 사람들에게서 멀어질 겁니다.

여기서 하나 더 주의하셔야 할 사항이 있습니다. 인스타그램은 홈탭과 스토리에서 '내가 팔로우한 사람들이 최근에 올린 게시물을 점수를 매겨 점수 순서대로 보여 준다'고 했지만 이 로직에서 제외되는 케이스들이 있어요.

예를 들면 인스타그램은 똑같은 사람의 피드를 너무 많이, 그리고 연속해서 표시하려고 하지 않습니다. 너무 한 사람의 게시물만 도배된다면 사람들이 지루해할 수 있으니까요. 그리고 인스타그램 자체 커뮤니티 가이드라인에서 낮은 점수를 받은 게시물(다른 사람에게 해가 되는 게시물이나 잘못된 정보를 올릴 때)을 표시하지 않는다고 밝혔습니다. 유저들끼리 카더라 하던 '인스타그램 지수'가 실존한다는 것을 인정한 거예요.

관련하여 실제 그래서노벰버 계정에서 경험한 케이스입니다. 정보성 피드 게시물이나, 월 1회 발행하는 작작랩 뉴스의 게시물을 같

회원님의 게시물이 커뮤니티 가이드라인을 위반합니다

회원님의 게시물이(가) 커뮤니티 가이드라인을 위반하므로 삭제되었습니다. 다른 사람을 불편하게 할 의도가 없더라도 Instagram은 사람들이 다른 사람을 존중하는 방식으로 자신을 표현하는 것을 장려합니다.

 게시물 삭제됨
2월 2일 오전 11:00에 게시됨

다음과 같은 콘텐츠는 삭제됩니다: ∧

- 콘텐츠를 너무 여러 번 게시했습니다.
- 게시물에 차단된 링크가 있습니다.

삭제되는 콘텐츠에 대해 더 알아보기.

은 포맷에 내용만을 변경해 피드를 올려왔습니다. 그러자 언젠가부터 2~3분 후, 자동으로 게시물이 삭제가 되었어요. '커뮤니티 가이드라인 위반'이라는 메세지와 함께요. 릴스의 경우도 마찬가지였습니다. 영상 편집 시간을 줄이기 위해 같은 포맷으로 영상과 영상속 텍스트만 수정했더니 삭제가 되었습니다. 그 이후부터, 게시물의 도달률이 과거 대비 현저하게 줄어든 것을 느낄 수 있었어요.

인스타그램은 이런 콘텐츠 리뷰를 AI가 합니다. 그들의 기준에서 무언가 스팸성 패턴이 보인다고 생각하며 이렇게 삭제가 되기도 하고 노출에 영향을 주기도 합니다.

학원 계정으로 타인들과 잘 소통하시되, 짧은 시간 내에 많은 게시물을 업로드하거나, 인스타그램 커뮤니티 가이드라인에 어긋나는 게시물을 올리지 않도록 주의하세요. 그럼 원장님의 피드가 타인들에게 널리 퍼져나갈 수 있습니다.

고객이 반응하는 게시물을 만드세요

인스타에서 특정 정보를 찾으려고 탐색 탭에 들어갔다가 거기에 뜬 게시물에 홀려서 나도 모르게 시간을 훌쩍 보낸 적 없으신가요? 게시물을 보는데 정신이 팔려 내가 뭘 검색하려고 인스타 앱에 들어왔는지 잊는 경우도 있을 겁니다.

왜 이런 일이 벌어지는 걸까요? 바로 인스타가 원장님의 취향을 간파했기 때문이에요. 인스타는 나도 모르는 나의 취향을 간파하고는 내 취향에 딱 맞는 게시물로 나를 유혹합니다. '너 이런 스타일 좋아하던데 이 게시물은 어때? 재미있지? 궁금하지? 보고싶지?' 하면서요. 참 무서운 세상이기도 합니다. 사람들이 흔히 이야기하는 '귀신 같은 알고리즘'에 대해 좀 더 자세히 풀어 보도록 할게요.

여전히 인스타 용어가 알쏭달쏭한 초보 원장님들을 위해 잠깐 용어 정리부터 해 볼게요.

인스타 맨 하단의 집 모양의 아이콘은 **홈** 탭이라고 불립니다. 여기에는 내가 팔로잉하고 있는 사람들이 올린 게시물이 노출됩니다. 최근 게시물을 모아서 보여주기에 스크롤만 해서 내가 팔로잉한 사람들의 근황을 살필 수 있죠.

홈 탭 옆에는 돋보기 아이콘이 보일 거예요. 그 부분은 **탐색** 탭이라고 불립니다. 탐색 탭은 내가 원하는 단어를 검색해 다른 사람들의 계정이나 피드를 찾아볼 수 있는 곳이에요. 하지만 구글처럼 검색 창

만 떡하니 보이는 것이 아니라, 자동으로 추천 콘텐츠들이 보이며 개인별로 모두 다른 콘텐츠가 나옵니다. 이 콘텐츠들은 팔로잉 여부에 상관없이 내가 좋아할 만한 게시물들이 보입니다.

예를 들어 개와 고양이를 좋아하는 사람들은 타인의 개와 고양이 사진에 '좋아요'를 누르거나 개와 고양이가 나오는 영상을 끝까지 시청했겠죠? 그런 콘텐츠에 계속 반응하다 보니, 탐색 탭에는 개와 고양이와 관련된 게시물이 많이 보입니다. 만일 요리를 좋아하고 관심 있는 사람이라면, 요리와 관련된 게시물에 반응을 했을 거고, 그 사람의 홈 탭에는 요리와 관련된 게시물들이 보일 거예요.

유튜브를 시청하다 보면, 유튜브 알고리즘이 내가 좋아할 만한 영상을 추천하죠? 인스타 탐색 탭에 보이는 게시물 역시 그런 과정을 거쳐 추천된 게시물이라고 생각하시면 됩니다. 그래서 요즘 젊은 세대들은, 첫 데이트에서 서로 간의 취향을 살펴보기 위해 탐색 탭에 뜨는 게시물을 살펴본다는 이야기도 있습니다. 이렇게 인스타 탐색 탭에 뜨는 게시물은 내가 팔로우하는 계정과 상관없이 다양한 사진들과 동영상이 추천됩니다. 과연 어떻게 이게 가능한 걸까요? 내가 올린 게시물도 누군가의 탐색 탭에 뜰 수도 있다는 걸까요? 차근차근 설명드리도록 하겠습니다.

인스타의 알고리즘은 내가 관심 있어 할 만한 사진과 영상을 추천하기 위해 내가 과거에 눌렀던 '좋아요', '저장', '댓글'들을 모두 살핍니다. 그리고 타인들의 기록도 이용합니다.

예를 들어 내가 만두를 만드는 A 요리사의 사진들에 '좋아요'를 많이 눌렀다고 가정해 볼까요? 인스타는 A 요리사의 사진에 '좋아요'를 누른 사람들의 기록을 모두 살펴봅니다. '좋아요'를 누른 사람들이 공통으로 무엇을 좋아하는지를 찾아보는 거예요. 만약 그 사람들의 대다수가 B 요리사가 만든 만두 사진에 '좋아요'를 눌렀다면, 나에게도 B 요리사의 사진이 추천되어 탐색 탭에 뜰 수 있습니다. 게시물을 올린 사람과 상호작용한 기록들을 기반으로 내 취향을 파악하고, 내가 좋아할 만한 게시물을 추천하는 거예요.

또한 탐색 탭에 뜨는 게시물은 '게시물이 얼마나 인기가 있는지'를 매우 중요하게 봅니다. 다른 사람들이 얼마나 많이, 얼마나 빨리 '좋아요'를 눌렀는지, 댓글을 달았는지, 공유했는지가 매우 중요해요. 홈 탭 피드나 스토리에서 적용되는 로직보다 훨씬 더 중요시됩니다.

타인의 탐색 탭에 내 게시물을 띄우고 싶다면 사람들이 반응하는 게시물을 만드셔야 합니다. 탐색 탭에 내 게시물이 뜨는 것은 홈 탭 피드나 스토리 상단에 뜨는 것보다 더욱 어려워요. '얼마나 많이, 얼마나 빨리' '좋아요'를 눌렀는지도 살펴보기 때문이에요.

현실적으로 내가 올린 게시물에 사람들이 빨리 '좋아요'를 누르려면 내 팔로워들의 홈 탭 상단에 내 게시물이 떠야 합니다. 그래야 바로 게시물을 보고 눌러줄 수 있으니까요. 이는 사람들과 소통을 잘 해왔어야만 가능한 일입니다.

　게다가 '좋아요'가 많이 눌리려면 실제 사람들의 마음에 드는 게시물이어야 합니다. 그들이 공감하거나, 재미있거나, 도움이 되는 정보이거나, 사진이 예쁘거나… 사람들이 보자마자 '좋아요'를 누를 만한 게시물이어야 하죠. 빨리와 많이를 동시에 만족할 수 있는 피드를 만드는 것은 쉽지 않습니다.

　하지만 탐색 탭에 내 게시물이 뜬다는 것은 어딘가에 숨어 있던 내 타겟을 찾아갈 확률이 높아진다는 뜻입니다. 어렵다고 포기하지 마시고, 사람들과 소통하며 그들의 마음을 움직일 수 있는 게시물을 만들어 보세요.

"원장님! 학원 계정은 팔로워가 71명밖에 되지 않는데, 좋아요는 100개가 넘게 찍혀 있네요. 혹시 '좋아요' 구매하셨나요?"

"네, 맞아요. 마케팅을 하시는 분이라 바로 알아보시네요."

도지나 원장의 얼굴에는 부끄러움과 놀람이 동시에 담겨 있었다.

"아니에요. 마케터가 아닌 사람들이라도 금방 알아볼 수 있어요. '좋아요'와 팔로워를 구매하는 것은 이제 모두가 아는 공공연한 비밀이거든요. 이제는 '좋아요' 구매하지 마세요. 돈은 돈대로 쓰고, 결과적으로는 계정을 키우는 게 더 어려워져요."

"왜요?"

"인스타그램은 알고리즘 기반의 SNS이기 때문이에요. 내가 '좋아요'를 누르거나 시간을 들여 시청한 게시물 등을 기반으로 내 취향을 파악하고 그에 맞는 게시물을 추천해줍니다. 인스타그램에서 고양이 사진을 계속 보다 보면 탐색 탭에 고양이 사진이 많이 떠요. 이런 경험, 해 보셨죠?"

"네 맞아요. 인스타그램도 유튜브처럼 제가 요새 관심 있게 본 것들을 계속 띄워주더라고요."

"유튜브에서 자주 쓰이는 말로 '알고리즘을 잘 타면 채널이 뜬다'라는 말이 있어요. 인스타그램도 마찬가지죠. 알고리즘을 잘 활용하면 내 피드가 알아서 내 고객들을 찾아갑니다. 그런데 돈을 써서 '좋아요'를 구매하면 알고리즘이 일을 할 수 없어요."

"내 고객들을 알아서 찾아간다고요?"

좋아요와 팔로워를 구매하지 마세요

학원 인스타 계정을 운영하시다 보면 이런 DM 받아본 적 있으실 겁니다. '진짜 한국인이 찍어주는 좋아요! 100개당 ○○원에 팝니다!'라는 DM이요. 그리고 아마 조금은 마음이 흔들렸을 거예요.

하지만 학원 인스타에서 '좋아요'와 팔로워를 구매하는 것은 최악의 선택입니다. 만약 원장님이 브랜드의 협찬을 받으려고 계정을 키우는 인플루언서 계정이라면 이야기가 다릅니다. 보통 인스타에서 물품이나 서비스를 협찬받을 때는 한 게시물에 찍히는 '좋아요'의 개수나 팔로워의 수에 따라 협찬의 크기가 달라집니다. 그래서 협찬을 목적으로 인스타 계정을 키운다면 '좋아요'나 팔로워를 구매하시는 것은 나쁘지 않은 선택이 될 수 있어요. 하지만 내 사업을 위해 인스타를 키우시는 분들은 절대로 '좋아요'와 팔로워를 구매하시면 안 됩니다. 인스타의 알고리즘을 헷갈리게 만들어서 진짜 내 고객을 찾아갈 수 없게 만들기 때문이에요.

인스타는 알고리즘 기반의 SNS입니다. 도지나 원장의 이야기처럼 내가 '좋아요'를 누르거나 시간을 들여 시청한 게시물 등을 기반으로 내 취향을 파악하죠. 혹은 타인의 취향을 바탕으로 내 취향을 파악하기도 합니다.

아래 내용은 2021년 6월 8일에 인스타그램에서 직접 공개한 내용입니다.

내가 샌프란시스코에서 만두를 만드는 A 요리사의 사진들에 '좋아요'를 많이 눌렀다면, 인스타그램은 A 요리사의 사진에 '좋아요'를 누른 사람들의 기록을 모두 살펴봅니다. '좋아요'를 누른 사람들이 공통으로 무엇을 좋아하는지를 찾아보는 겁니다. 만약 그 사람들의 대다수가 B 요리사가 만든 만두 사진에 '좋아요'를 눌렀다면, 나에게도 B 요리사의 사진이 추천되어 탐색 탭에 뜰 수 있습니다.

아까 앞에서 말씀드렸던 내용이죠? 이 이야기를 학원 버전으로 다시 쓴다면 아마 이렇게 될 겁니다.

고등부 대상 수학 학원에서 '6월 모평 30번 수학 문제 풀이'를 인스타그램에 올렸습니다. 이번 30번 문제는 유난히 어려웠기에 우리 학원 고등부 학생들은 이 게시물을 유심히 보고 '좋아요'도 많이 눌렀습니다. 그리고 학생들은 이내 '공부 동기부여' 게시물을 보러 갑니다. 열정을 되살리는 문장에 희망을 얻은 학생들은 그 게시물에도 '좋아요'를 누릅니다. 이제 인스타그램 AI는 생각합니다. '이 두 개의 게시물에 '좋아요'를 누르는 사람이 많군. 공부 동기부여 게시물에 '좋아요'를 누른 사람들에게 6월 모평 30번 수학 문제 풀이를 보여줘야겠어!'라고요.

이게 바로 인스타 알고리즘이 일을 하는 형식입니다.

하지만 원장님이 '6월 모평 30번 수학 문제 풀이' 게시물에 '좋아요'를 200개 구매하셨다면 어떻게 될까요? 인스타그램 AI는 이 200개 계정의 공통 관심사를 뽑기가 어려워집니다. 보통 '좋아요'를 찍어주는 계정은 활동을 하지 않는 '유령 계정'이거나, 타 업체의 게시물에도 '좋아요'를 찍어주는 '좋아요 전용 계정'입니다. 유령 계정의 경우 활동 기록이 없기에 관심사를 파악하기가 어렵고, 타 업체에 '좋아요'를 찍어주는 전용 계정은 중구난방 '좋아요'를 남발하기에 관심사를 파악하기 어렵습니다. 어느 쪽이든 인스타그램 AI가 200개 계정에서 공통의 관심사를 뽑아내는 것은 어렵습니다.

잘 만든 피드일수록 '좋아요'를 구매하시면 안 됩니다. 내 피드가 내 타겟 고객들에게 알아서 퍼져나갈 수 있는 기회를 돈을 주고 망쳐버린 겁니다. 돈은 돈대로 쓰고, 신규 고객 확보는 더욱 어렵게 됩니다.

팔로워 역시 비슷한 이유로 구매하시면 안 됩니다. 인스타그램은 사람들이 팔로우한 계정들을 분석해 취향을 파악합니다. 그리고 비슷한 취향을 가진 사람들의 경험을 바탕으로 사람들에게 계정을 추천해줍니다. 가만히 있어도 인스타그램 AI가 내 고객을 찾아, 내 계정을 띄워줍니다.

실제로 '그래서노벰버'의 인스타 계정은 학원, 공부방, 교습소 원장님들이 많이 팔로우를 하십니다. 그래서 그래서노벰버 계정의 사람 추천 탭이나 탐색 탭에는 학원 계정들만 뜹니다. 반대로 학원 원장님들도 그래서노벰버 계정을 추천받죠. 많은 학원들이 그래서노벰버 계정을 팔로우하고 있기에 인스타 알고리즘이 다른 학원 계정에게 그래서노벰버의 계정을 띄워주는 거예요.

'좋아요'와 팔로워를 구매하는 것은 일시적인 효과만 있을 뿐, 결과적으로는 인스타그램 AI를 혼란스럽게 만듭니다. 그리고 진짜 내 고객을 찾아가기가 어렵게 만듭니다. 조금 오래 걸리는 것 같아도 '좋아요'와 팔로워를 구매하지 않는 것이 더 빠른 길입니다.

그래도 원장님은 쉽고 빠른 길이 더 좋으시다고요? '좋아요'와 팔로워를 구매하시면 예비 학부모님들에게 안 좋은 이미지를 줄 수 있습니다. 인스타 앱 내에서 '좋아요' 목록과 팔로워 목록은 모두에게 공개된다는 사실, 알고 계시죠? 어느 누구든 버튼 하나만 눌러 내 게시물에 '좋아요' 버튼을 누른 사람들과 팔로우하는 사람들을 확인할 수 있습니다.

보통 업체에서 '좋아요'를 눌러주거나 팔로우를 하는 계정들은 프로필 사진도 엉망이고 아이디도 엉망입니다. 스팸 계정이라는 것이 바로 티가 나요. 도덕적이고 공정한 이미지를 중요시하는 교육 업체에서는 '좋아요'와 팔로워를 구매하지 않는 것이 좋습니다.

Instagram

제6장

인스타의 핵심은
광고에 있다

인스타 광고 이야기를 시작하자 도지나 원장의 목소리가 급격하게 커졌다.

"저 사실 인스타 광고 너무 해 보고 싶어서, 유튜브 영상 찾아서 이것저것 많이 봤어요. 지난번에 인사이트랑 광고 이야기도 해 주셨기에 궁금했거든요."

"맞아요. 요즘 유튜브에는 공짜 정보가 정말 많아요. 인스타 광고도 어떻게 해야 하는지 자세히 안내하는 영상들도 많고요. 그래서 실제로 광고를 진행해 보셨나요?"

도지나 원장은 멋쩍어하는 표정으로 답변을 이어갔다.

"이게…, 해 봤다고 하기도 애매하고 안 해봤다고 하기에도 애매해서요. 하긴 했죠. 유튜브 영상에서 시키는 대로 버튼을 눌러 광고 세팅은 했는데, 그게 끝이에요. 광고가 잘 됐는지 어땠는지도 잘 모르겠어요."

하는 게 중요한 게 아니라 제대로 하는 게 중요한데…, 도지나 원장 역시 '제대로 하는 것' 앞에서 막혀 있었다. 하지만 의욕에 넘쳐 실행해 내는 그것만으로도 도지나 원장을 진심으로 칭찬을 하고 싶었다.

"'저는 아무것도 몰라요!'라면서 시도조차 하지 않는 분들이 더 많아요. 참 안타까워요. 스스로를 그런 프레임에 가두고 환경을 탓하거든요. 유튜브 영상을 통해서라도 하는 법을 익혀서 이렇게 해 봤다는 그 자체로 원장님은 이미 잘하고 있어요. 정말 잘하셨습니다. 시도하지 않으면 아무 일도 일어나지 않아요."

"처음 보는 단어들도 나오고 뭐가 뭔지 잘 이해되지 않을 거예요. 말씀하신 것처럼 하긴 했는데 제대로 했는지도 궁금하고요. 하지만 이런 것들에 익숙해지면 인스타 광고를 하는 것은 참 쉽습니다. 그런데 또 재미난 건, 이 쉬운 게 하다 보면 참 어려워요. 원하는 결과를 내는 게 쉽지는 않거든요."

그런데 여기서 중요한 것! 원장님이 지금까지 인스타를 해 온 것은, 바로 이 광고 마케팅을 하기 위한 전초전이었다고 해도 과언이 아니에요. 학원 광고를 이제 우리는 아주 진지하게 다룰 겁니다. 딱 원장님들을 위한 그런 마케팅 무기이거든요!"

"네? 인스타 광고를 하려고 지금까지 인스타를 해 온거라고요?"

"네. 맞아요. 사실 학원 인스타 계정은 학부모들이나 학생들이 먼저 관심을 갖지 않아요. 일반 사람들은 인스타에서 재미를 찾으려고 하니까요. 그럼에도 불구하고 우리가 인스타 세상에 들어온 이유는 여기에 내 고객들이 바글바글 모여 있기 때문이에요."

"하지만 내 고객들은 내 학원 계정에는 관심을 갖지 않고 맛집 정보, 여행 정보, 유머 콘텐츠, 연예인 이야기 등등 다른 것만 인스타에서 찾아보고 있을 겁니다. 그러면 원장님은 어떻게 해야 할까요? 그들에게 찾아가서 '이건 어때?'하고 어깨를 툭툭 쳐서 내 학원에도 관심을 갖게 해야 해요. 바로 이게 인스타 광고의 역할이에요. 온라인 상에서의 어깨 툭툭!"

"예를 들어 '올해 초 내 아이와 성적이 비슷했던 옆집 아이가 지금은 전교 1등! 그 숨은 비결을 알고 싶어?' 하면서 쓰윽 고객의 인스타 피드 속에 등장하는 겁니다. 가뜩이나 애 성적 때문에 고민이라면 갑자기 호기심이 생기겠죠? '이건 도대체 무슨 말이지?' 하면서요. 그리고 그 비결이 궁금할 겁니다. 뭔가 좀 느낌이 오시나요?"

뭔가 호기심이 나고 의욕에 불타면 도지나 원장이 보여주는 표정과 몸짓이 있다. 상체가 앞으로 숙여지며 도지나 원장의 눈빛은 '더요, 더요, 더 이야기 해 줘요'라는 말을 하고 있었다.

"어깨 툭툭, 뭔가 느낌이 와요. 일종의 온라인 전단지처럼 인스타에서 호객을 하는 거네요."

"빙고! 바로 그거예요. 게다가 인스타는요, 사람들이 많이 모여 있는데다 광고하기도 쉽고 편합니다. 적은 금액으로 광고를 할 수도 있고요. 가장 중요한 것은 내 지역에 내가 원하는 사람들에게만 광고를 할 수 있다는 점이에요. 그래서 지역 기반으로 학원을 운영하시는 원장님에게 딱입니다."

도지나 원장이 알 듯 말 듯, 아리송한 표정을 지었다.

"원장님, 이렇게 생각하시기 바랍니다. 원장님이 새로 전단지 5천 장을 찍었습니다. 아르바이트생이 이 전단지 5천 장을 집집마다 다 돌리는데 얼마를 주실 건가요?"

"흠…, 5천장이면 살짝 많네요. 30만 원 정도면 되지 않을까요?"

"그럼 이건 어때요? 아르바이트생이 원장님의 학원이 있는 지역에서 5세에서 10세 자녀가 있는 집에만 전단지 5천 장을 돌려준다고 합니다. 그럼 얼마를 주시겠어요?"

"흠... 60만 원?"

"근데 아르바이트생이 한 가지 더 조건을 추가합니다. 그중에서 영어 교육에 관심 있는 집에만 전단지를 돌리겠대요. 그럼 얼마를 주시겠어요?"

"그럼 완전 많이 줄 수 있어요! 진짜 그렇게만 된다면 학원에 상담 전화가 더 많이 오지 않을까요? 전단지를 낭비하지도 않고요."

도지나 원장의 얼굴에 미소가 떠올랐다. 상상만으로도 즐거운 이야기였다. 내가 원하는 집에만 전단지를 돌릴 수 있다면 돈이 얼마든 지불할 용의가 있었다.

인스타 광고를 해야 하는 이유 5가지

인스타 광고는 지역 기반으로 사업하는 분들에게 딱 안성맞춤이에요. 당연히 교육 사업을 하는 원장님들이 활용하기에도 좋은 수단입니다. 학원 인스타 계정을 프로페셔널 계정으로 변경하라 말씀드린 것은 인사이트를 보기 위해서도 있지만, 광고를 하기 위해서가 더커요. 이미 변경하신거 맞죠?

수많은 온라인 광고 중 인스타 광고를 추천하는 5가지 이유가 있습니다.

내 고객들이 인스타라는 공간에 많이 모여 있어요.

인스타에서는 내 잠재 고객들을 만나는 게 쉬워요. 최근 몇 년간 조사된 자료에서 10대, 20대, 30대, 40대가 이용하는 앱 TOP 5에 인스타그램이 랭크될 만큼 많은 사람들이 이용하는 앱입니다. 만일 중고등 대상으로 학원을 운영한다면 학생들과, 유초등 대상으로 운영한다면 3040학부모님들과 소통할 수 있습니다.

적은 비용으로 광고 집행이 가능합니다.

인스타그램에서는 하루 최소 2달러 금액으로도 광고가 가능합니다(2024년 3월 기준). 작작랩에서는 원장님들께 최소 하루에 5천 원~1만 원 정도의 비용을 쓰라고 안내하고 있습니다. 일주일만 광고를 집행하셔도 몇천 명의 사람들에게 내 광고를 노출할 수 있습니다.

광고안을 만들기가 쉽습니다.

유튜브의 경우 광고를 하려면 15초 안에 사람들의 눈길을 끄는 영상을 제작해야 합니다. 전문가가 아니라면 영상 제작이 쉽지 않을 거예요. 하지만 인스타는 내가 올린 게시물 그대로를 광고로 돌릴 수 있습니다. 사진 한 장, 영상 한 개, 카드뉴스, 무엇이든 광고가 가능해요. 오히려 광고 느낌이 없는 자연스러운 피드가 더 퍼져나가는 경우도 있으니 정말 부담이 적어요.

광고 집행 프로세스가 쉽습니다.

버튼을 몇 개 누르는 것만으로 광고 세팅이 완료됩니다. 광고를 처음 접하는 초보자도 쉽게 광고를 집행할 수 있습니다. 참고로 더 전문가스럽게 세팅하고 다양한 기능들을 활용하고 싶다면, 인스타그램의 모회사인 페이스북에서 광고를 세팅해 운영할 수 있어요. 이 부분은 조금 더 공부하실 필요가 있습니다.

타겟팅을 할 수 있습니다.

원하는 지역을 설정하고 그 반경에서 광고를 할 수 있어요. 또한 나이, 성별, 관심사 등 내가 원하는 사람들의 특성을 지정해 그 사람들에게만 광고를 할 수도 있습니다. 광고 집행 프로세스가 쉬우면서도 타겟팅이 가능해 초보자도 쉽게 광고를 접하실 수 있습니다.

특히 인스타 광고가 좋은 것은 광고처럼 보이지 않는 경우가 많다는 겁니다. 수많은 인스타 게시물 중 하나처럼 보입니다. 이를 전문 용어로는 네이티브 광고(Native advertising) 형식을 사용한다고 이야기해요. 내가 올리는 게시물의 형식 그대로를 광고로 돌릴 수 있기 때문에 광고와 일반 게시물을 구분하기 어렵습니다. 특히 홈 탭이나 탐색 탭에서 빠르게 스크롤을 넘기다 보면 광고인지 모르고 보는 경우도 종종 있을 정도예요. 그래서 유저들도 광고에 대한 거부감이 적습니다.

또한 실제 인스타 광고를 집행할 때는 광고로 연결되는 랜딩 페이지를 네이버 블로그로 하라고 추천드리는데, 해당 블로그 글까지 원하는 키워드로 상위노출되는 효과도 얻을 수 있습니다.

그러면 이제 광고를 어떻게 세팅해야 하는지 차근차근 살펴보도록 하겠습니다.

광고 세팅 & 타겟팅 하기

인스타 광고 기능을 사용하기 위해서는 개인 계정을 프로페셔널 *(비즈니스 or 크리에이터)* 계정으로 변경을 해야 합니다. 인스타를 처음 가입하게 되면 누구든 '개인 계정'으로 등록이 됩니다. 그 계정을 쉽게 프로페셔널 계정으로 변경할 수 있어요. 이 책의 2장에서 이와 관련된 안내를 해드렸습니다.

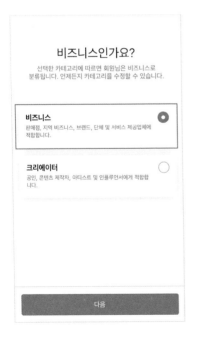

인스타 광고 세팅은 매우 쉽고, 개념도 간단해요. 내가 올린 게시물을 선택해서 그것을 광고 기능을 통해 내가 원하는 타겟들에게 전달될 수 있도록 하는 겁니다.

프로페셔널 계정으로 변경하고 나면 모든 게시물 하단에 '게시물 홍보' 버튼이 생겨요. 그 버튼을 눌러 가이드를 따라가기만 하면 쉽게 광고를 세팅할 수 있습니다. 내가 광고하고 싶은 게시물을 새로 올리신 후에 홍보를 시작하셔도 되고, 기존에 올려두었던 게시물을 선택해 홍보하셔도 됩니다.

광고 세팅 과정은 정말 쉽습니다. 인스타에서 초보자도 쉽게 따라 할 수 있도록 잘 설명해놨어요. 여기서는 광고하는 과정 하나하나를 디테일하게 설명드리기보다는 전체적인 흐름과 광고 세팅 시 주의하실 점을 정리하여 설명하겠습니다.

광고 소재 및 연결할 랜딩 페이지 결정하기

만일 학원에서 '교육 설명회'가 예정되어 있고 이것을 인스타 광고로 알리고 싶다고 가정을 해 봅시다. 그렇다면 두 가지가 사전에 준비되어야 합니다.

첫째, 교육 설명회를 알리기 위한 인스타 게시물이 필요합니다. 그 게시물을 광고로 사용할 거예요. 광고를 위한 게시물은 교육 설명회를 직접적으로 알리는 이미지나 카드뉴스일 수도 있고, 내 고객들이 궁금해 할 정보로 호기심을 일으키는 게시물이나 영상일 수도 있습니다. 콘텐츠의 주제, 흐름, 게시물의 종류에 상관 없이 무엇이든

가능해요.

둘째, 랜딩 페이지입니다. 랜딩은 문자 그대로 '착륙(landing)'이란 뜻으로, 광고를 클릭하게 되면 고객이 보게 되는 페이지를 말합니다. 즉 내 교육 설명회에 관심을 갖고 광고를 클릭한 사람들이 최종적으로 도착하게 될 웹상의 주소입니다. 보통 원장님들의 경우 블로그를 많이 활용하십니다. 블로그에 교육 설명회에 대한 자세한 안내를 쓴 후 해당 블로그 포스팅 주소를 랜딩 페이지로 활용합니다.

인스타에서 광고를 세팅하기 전에, 먼저 핸드폰에서 학원 블로그에 접속하세요. 그리고 랜딩 페이지로 쓸 블로그(혹은 다른 웹사이트)의 URL을 먼저 복사해 두시면 광고 세팅이 편리해집니다.

광고하기를 원하는 게시물 선택하기

광고하기를 원하는 인스타 게시물을 선택하고 하단의 '게시물 홍보' 버튼을 눌러주세요. 인스타는 앱 내 화면이나 명칭을 자주 변경합니다. '게시물 홍보'가 아니라 '게시물 홍보하기'나 '홍보' 등 다른 이름이 적혀 있을 수 있어요. 하지만 버튼 이름을 보면 충분히 판단하실 수 있을 거예요.

페이스북 계정 연결 여부 선택

광고를 처음 집행한다면 페이스북 계정과 인스타 계정을 연결한 것인가를 물어봅니다. 과거에는 무조건 두 계정을 연결해야 했지만 지금은 선택 사항이 되었습니다. 원장님이 편하신 대로 진행하세요.

단, 페이스북에 접속한 지 오래 되었거나 페이스북 아이디를 해킹당한 경험이 있으신 분들은 꼭 '연결하지 않고' 광고를 진행하세요. 인스타에서 광고 자체를 할 수 없는 것은 물론, 계정이 아예 막혀버리는 일도 있습니다. 작작랩에서는 수많은 원장님들이 페이스북 계정으로

고생하시는 케이스들은 많이 보았습니다. 이 부분은 쉽게 해결이 어려우니 꼭 '연결하지 않고' 광고를 진행하세요.

　페이스북 계정과 인스타 계정을 연결하면 페이스북에 등록한 결제 수단과 광고 설정이 자동으로 인스타 계정에 저장됩니다. 페이스북에 저장해둔 정보를 불러와 편하게 인스타에서 광고를 집행하실 수 있습니다.

　페이스북 계정과 인스타 계정을 연결하지 않으면 인스타에 새롭게 결제 수단과 광고 설정을 세팅하셔야 합니다.

목표 선택

　광고를 세팅할 때, 가장 먼저 목표를 선택하셔야 합니다. 단어나 표현은 조금 바뀔 수 있으나 아래 3가지의 목표 중 하나를 선택하라고 나옵니다. 이 목표는 '사람들이 내 광고를 클릭했을 때 어디로 이동했으면 좋겠는가?' 즉, 랜딩 페이지를 무엇으로 할지를 선택하는 것입니다.

1. 프로필 방문

2. 웹사이트 방문

3. 메시지 늘리기

1번 프로필 방문의 경우, 사람들이 내 광고를 클릭하면 내 인스타 프로필로 이동하게 됩니다. 인스타 정비를 매우 잘 해 놓으셨거나, 사진으로 보여줄 것이 많은 계정이라면 1번 목표를 선택하세요. 보통 옷이나 악세사리처럼 한 쇼핑몰에서 다양한 제품군을 가지고 있고, 인스타 계정 내에 예쁜 사진들이 많은 계정들이 선택하는 옵션입니다.

2번 웹사이트 방문의 경우, 사람들이 내 광고를 클릭하면 내가 지정한 웹사이트(랜딩 페이지)로 떨어지게 됩니다. 블로그나 홈페이지 등 내가 원하는 곳으로 이동시킬 수 있어요. 보통 많은 광고들이 이 옵션을 선택하며, 광고에서는 호기심을 불러 일으키고 더 많은 내용은 웹사이트에 더 설명하는 방식으로 광고를 진행합니다.

3번 메시지 늘리기의 경우, 사람들이 내 광고를 클릭하면 내 인스타 계정에 DM을 보낼 수 있습니다. 프라이빗하게 진행하는 강의나 공구(공동구매) 광고에서 주로 많이 사용하는 방법입니다.

원장님의 경우 2번 웹사이트 방문을 선택하신 후, 블로그 글로 연결하시는 것을 추천합니다. 앞에서도 말씀드렸다시피 교육은 '고관여 서비스'로 인스타 피드만으로 쉽게 결정을 내리지 않기 때문에요. 많은 사진과 영상, 긴 블로그 글로 사람들을 설득하는 것이 더욱 효과

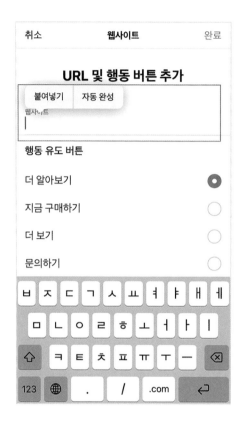

적입니다.

2번 웹사이트 방문을 목표로 선택해서 광고를 세팅하면 내 프로필 링크에 있는 URL이 자동으로 세팅되어 나옵니다. 수정 버튼을 눌러 직접 URL을 입력하세요. 맨 처음 광고를 세팅하기 전에, 미리 랜딩 페이지로 쓸 URL을 복사했던 것 기억하시죠? 해당 창에 손가락을 꾹 누르면 '붙여넣기' 메뉴가 나오고, 이전에 복사했던 URL이 바로 삽입됩니다.

타겟 선택

타겟의 경우 자동, 직접 만들기 2개로 나뉩니다.

자동은 내 팔로워와 유사한 사람들을 인스타 AI가 자동으로 타겟팅 하는 방식입니다. 만일 내가 엄마표 영어 관련된 계정을 운영하고 있고 내 팔로워가 1만 명인데 대부분 자녀를 둔 엄마라고 한다면 이 기능을 사용하시면 좋습니다. 인스타가 알아서 내 팔로워와 비슷한 사람들 혹은 내 광고에 반응할 사람들을 찾아서 광고를 뿌려주기 때문입니다. 내 팔로워가 많으면 많을수록, 팔로워들이 내 고객에 가까우면 가까울수록 이 기능이 효과적으로 작동합니다.

하지만 일반 지역 학원 기반의 원장님들은 직접 만들기를 선택하세요. 학원 계정의 경우 팔로워가 내 타겟 고객으로 채워진 경우가 매우 드물기도 하고, 원장님의 동네에만 광고를 하도록 설정하는 것이 유리하기 때문입니다.

직접 만들기를 선택하시면 ① 위치, ② 나이, ③ 성별, ④ 관심사를 선택하실 수 있습니다.

가장 먼저 타겟 이름부터 넣어주셔야 합니다. 한 번 타겟을 설정하면 광고를 할 때마다 저장된 타겟을 계속 선택해 사용할 수 있어요. 내가 식별할 수 있도록 원하는 이름을 기입해 주시면 됩니다.

위치

시 단위로 설정할 수 있는 '지역' 메뉴와, 내가 있는 반경 km 거리로 설정할 수 있는 '주변' 메뉴, 두 가지가 있습니다. 학원의 경우 시 단위로 입력하면 광고 범위가 너무 넓어져서 내 학원에 올 수 없는 지역의 사람들에게까지 광고가 나갈 수 있습니다. '주변' 메뉴를 선택 후 반경 km를 조정하세요.

유·초등 대상의 학원의 경우 부모가 차로 이동하는 생활 반경으로 잡아주시면 됩니다. 보통 3km에서 5km 정도가 될 거에요. 걸어서 이동할 정도의 반경으로 설정 시, 도달 타겟수가 너무 적을 수 있어요. 중·고등 대상의 학원의 경우는 버스를 타고 5~6정거장 이동할 수 있을 만큼까지 넓게 반경을 잡아주셔도 됩니다. 성인 대상이나 온라인으로 수업이 진행되는 학원의 경우는 학원 상황에 맞추어 반경을 잡아주시면 됩니다.

만약 학원에 셔틀버스가 있다면 셔틀버스가 도는 반경을 계산하여 km를 조정하시면 됩니다.

나이

학부모를 대상으로 광고를 할 경우, 우리 학원 학생들의 나이와 지역의 특성을 모두 고려하여 학부모의 나이를 계산하세요. 단순하게 평균에 맞춰 학부모의 나이를 계산하기보다 내 학원에 상담하러 오는 학부모들을 살펴보고 그들의 나이와 비슷하게 계산하시면 더욱 좋습니다.

예를 들어 우리 지역은 늦게 출산하는 사람들이 많다고 하면 평균보다 더 높게 학부모의 나이를 잡아주시면 좋습니다. 이런 지역에서 만 4~6세의 유치부 대상의 학원을 하고 계시다면, 광고 타겟 나이를 35세 이상으로 잡아주셔도 충분합니다. 35세 학부모가 만 4살 아이를 데리고 있다면, 31살에 아기를 낳았다는 뜻입니다. 이런 식으로 역산해서 학부모의 나이를 계산하세요.

학생들을 대상으로 광고를 할 경우는 내가 대상으로 하는 학생들보다 살짝 낮은 나이대의 학생들도 포함하세요. 미래의 내 고객이 될 수 있는 학생들입니다.

예를 들어 수능 문제풀이반 특강을 광고할 때는 고3과 재수생뿐아니라 고1~2 학생도 포함시키세요. 올해는 아니지만 언제든 내 고객이 될 수 있는 학생들입니다. 내 학원을 그들에게 널리 알리는 것은 나쁘지 않아요.

그리고 가장 중요한 것!

학생과 학부모를 동시에 타겟으로 하는 광고라고 해서, 나이를 16세~55세로 잡지는 마세요. 16세~19세, 45세~55세, 2개로 광고를 나누어 운영하세요. 16세~55세로 광고를 돌리면 내 광고 타겟이 아닌 20세~45세 사람들에게도 내 광고가 노출됩니다. 돈은 돈대로 쓰고 광고 효율은 최악으로 떨어질 거예요.

성별

성별의 경우 남자만/여자만/남녀 둘 다, 세 가지 옵션으로 선택 가능합니다. 내 학원, 혹은 내가 돌리는 광고의 특성에 맞추어 성별을 선택하세요. 유·초등부 학원의 경우, 아빠보다는 엄마가 학원 결정권을 가지고 있는 경우가 많습니다. 이럴 경우 여자에게만 광고를 노출하시는 것도 좋은 방법입니다. 남성 전용 주짓수 체육관에서 회원 모집을 할 때는 당연히 남성만 선택하시는 것이 좋겠죠?

혹은 광고 내용에 따라 성별 선택이 달라질 수도 있습니다. 여고생들이 가장 좋아하는 만화 캐릭터를 주제로 하는 미술 수업을 광고한다면, 직장인들이 저녁에 자동차 정비 자격증을 딸 수 있는 수업을 광고한다면, 남녀 모두에게 광고를 진행하는 것보다는 특정 성별에게만 광고를 진행하는 것이 더 효과적일 수도 있습니다.

관심사

관심사는 사람들의 특성을 나타내는 것으로 내가 내 타겟에 맞는 관심사를 찾아내야 합니다. 이 관심사를 잘 선택하시면 정말 효과적으로 내 타겟을 찾아낼 수 있습니다.

예를 들어 '교육'이라고 입력하면 교육, 교육공학, 중등 교육, 원격 교육, 초등 교육, 교육학, 몬테소리 교육법, 언어 교육, 음악 교육 등 다양한 관심사가 뜹니다. 그중에서 내 타겟에게 맞을 것 같은 관심사를 선택해 클릭하시면 됩니다. 여러 개를 선택하셔도 됩니다.

관심사는 여러 개를 입력할 수 있으므로 내 타겟의 특성을 나타낼 것 같은 단어를 다양하게 검색하시기 바랍니다. 꼭 교육 분야의 단어가 아니어도 됩니다. '기저귀', '레고', '인터넷 밈' 같은 단어들을 관심사로 넣으면 내 고객들의 나이나 특성들을 더 정확히 묘사할 수 있습니다. 한글과 영어 모두 입력 가능하니 다양한 관심사를 입력하세요.

참고로 특정 단어를 입력했으나 하단에 아무것도 뜨지 않으면 없는 관심사입니다. 다른 단어를 입력하세요.

예산 및 기간

타겟팅이 끝나면 광고를 집행할 예산과 기간을 정하시면 됩니다. 예산의 경우 하루 2달러부터 1,000달러까지(앱에서는 원화로 계산되어 표기됩니다), 기간의 경우 1일부터 30일까지 지정하실 수 있습니다.

내가 설정하는 예산과 기간에 따라 '추산 도달수'가 달라집니다. 이는 몇 개의 계정에게 내 광고가 보일지를 대략적으로 계산해 보여주는 수치입니다. 도달이 너무 작으면 광고가 끝난 후에 유의미한 성과를 측정하기 어렵습니다. 최소 2,000~5,000명에게는 도달할 수 있도록 예산과 기간을 조정하세요.

또한 광고 기간이 너무 짧으면 내 타겟에게 정확하게 도달하기가 어렵습니다. 인스타 AI는 사람들의 반응을 통해 자신의 행동을 수정해 나갑니다. 광고가 돌아가는 와중에 광고에 반응하는 사람들을 찾고, 그 사람들의 유형을 분석해 비슷한 유형의 사람들에게 광고를 뿌리기 때문입니다. 광고를 집행하는 시간이 너무 짧으면 테스트 기간에 광고가 종료되는 것이나 다름없습니다. 넉넉하게 기간을 두고 광고를 집행하세요.

광고가 처음이라면 하루 예산 5~6천 원, 기간 7일로 세팅하시는 것을 추천드립니다. 여러 번 광고를 돌리시다 보면 감이 옵니다. 그때 예산이 너무 작은 것 같다면 예산을 더 넣으시고, 기간이 너무 적은 것 같다면 기간을 늘려보세요. 내 학원에 딱 맞는 광고를 세팅하실 수 있습니다.

결제 수단 추가

모든 세팅이 끝난 후에는 결제 수단을 추가하셔야 합니다. 인스타에서 안내하는 대로 카드를 세팅하시면 됩니다. 해외 결제가 가능한 신용카드로 등록하세요.

결제 수단을 추가하신 후에는 진짜 사용이 가능한 카드인지 확인하기 위해 메타(Meta)에서 일정 금액(보통 1달러)이 결제되고, 곧바로 취소됩니다. 카드를 등록하자마자 이루어진 결제는 광고비 결제가 아니니 너무 놀라지 마세요.

인스타 광고는 후불제로 광고가 종료된 후에 금액이 지불됩니다. 단, 광고 집행 기간이 너무 긴 경우에는 일정 날짜가 되거나 일정 금액에 도달하면 광고 금액이 지불됩니다. 예를 들어 매 25일에 결제가 되거나, 광고 비용이 100불이 넘으면 결제가 되는 식입니다. 이 기간과 비용은 사람마다 다를 수 있으니 카드 내역을 잘 살펴보셔야 합니다.

이런 식으로 일정 날짜와 금액에 맞추어 분할 결제되는 경우, 다음 달에 나머지 금액이 결제되는 경우가 있습니다. 광고를 돌리고 오랜 기간이 지나서 결제가 이루어져서 무슨 금액인지 몰라 당황하시는 원장님들이 많습니다. 지난 달과 이번 달의 카드 명세서를 살펴보시고 금액을 합산하세요. 혹은 인스타 내의 결제 내역에도 들어가 보세요. 광고 금액과 딱 맞는다는 것을 확인하실 수 있을 겁니다.

광고 심사 및 집행

모든 세팅이 끝나고, 결제 수단 추가까지 완료되면 이제는 정말 광고 세팅이 완료됩니다. 이제 인스타그램의 자체 광고 심사를 기다리시면 됩니다. 첫 광고 집행일 경우 만 하루 정도가 소요되며, 여러 번 광고를 집행하면 좀 더 빠르게 광고 심사가 완료됩니다.

광고 심사 기간에는 피드 수정이나 광고 취소가 불가합니다. 그리고 광고 집행이 시작된 이후에도 피드 수정이 불가합니다. 피드를 수정하셔야 할 경우에는 광고를 종료하신 후 피드를 수정하셔야 합니다. 그리고 수정된 피드로 다시 광고 심사를 받으셔야 합니다. 단, 내가 설정한 랜딩 페이지 내에서의 콘텐츠 수정은 할 수 있어요.

인스타는 꽤 까다로운 광고 심사 기준을 가지고 있습니다. 세계적으로 사용하는 앱이라서 우리나라에서는 생각하지 못하는 기준들도 종종 있습니다. 간혹 원장님들 역시 생각지도 못한 이유로 광고 심사가 거절되시는 분들도 계십니다. 하지만 걱정하지 마세요. 인스타는 광고 심사를 거절하면 그 이유를 알려줍니다. 그 기준에 다시 맞추어 광고 심사를 받으시면 됩니다.

광고 승인을 신청 요청 24시간 이후에, 광고가 잘 돌아가는지 꼭 확인하시기 바랍니다.

주의사항

앞에서도 잠시 말씀드렸지만 인스타 계정과 페이스북 계정을 연결하기 전에 꼭 페이스북 계정을 살펴보세요!

오래 전에 페이스북 계정을 만들어 놓은 후 방치하는 경우, 나도 모르게 페이스북 계정이 해킹이 된 경우가 있습니다. 그냥 해킹이면 다행인데 음란/도박 사이트를 홍보하거나, 광고비를 떼어먹는 경우도 있어요. 이런 경우 이미 페이스북 계정은 아무것도 할 수 없도록 막혀 있을 겁니다. 이걸 모르고 계정을 연결했다가 인스타 계정까지 막혀버리는 경우가 종종 있습니다.

특히 페이스북은 음란/도박/광고비 결제 거부 등에 대해 굉장히 강력한 정책을 가지고 있습니다. 해킹 당했으니 풀어달라고 메일을 보내거나 신분증 사본을 보내도 계정이 풀리지 않는 경우가 굉장히 많습니다. 페이스북 계정이 해킹당했다 생각하시면 연결을 포기하시고 인스타 계정만이라도 살리는 것이 낫습니다.

연결을 잘못하면 잘 키워 놓은 학원 인스타 계정을 버려야 하는 일이 생기니 꼭!! 페이스북 계정이 정상적으로 잘 존재하는지 먼저 확인하시기를 바랍니다. 페이스북에 로그인하자마자 '이상 행동으로 계정이 막혔다'는 팝업이 뜰 수도 있습니다. 원장님의 페이스북 계정이 해킹당한 경우입니다. 이럴 경우, 절대로 인스타 계정과 연결하지 마세요. 인스타 계정도 같이 막혀버립니다.

인스타그램 광고 정책 제대로 알기

　인스타는 자체 광고 정책을 가지고 있습니다. 광고를 집행하는 모든 사람들에게 공통적으로 적용되는 정책으로 매우 섬세하고 촘촘하게 되어 있습니다. 전세계의 수억 인구가 사용하는 앱이라서 그런 걸까요? 우리나라 사람들이 일반적·상식적으로 생각하는 가이드 라인과는 조금 다릅니다. 그래서 많은 원장님들이 생각지도 못하는 부분에서 광고 심사 거절을 당하기시도 해요.

　인스타와 페이스북의 광고 정책을 모두 설명드리기에는 너무 많고 방대합니다. 이 책에서는 원장님들이 자주 거절당하는 광고 사례를 안내해 드립니다. 광고 정책 전문이 궁금하신 분들은 페이스북 광고 정책 공지 링크를 참고하시기 바랍니다(참고로, 인스타 광고는 페이스북과 연동되어 운영되며 페이스북 광고 정책을 따릅니다).

페이스북 광고 정책

원장님들이 가장 많이 위반하는 부분은 '개인적 특성을 암시'하
는 부분입니다. 페이스북은 개인의 특성을 광고에서 명시하는 것을
매우 싫어합니다. 페이스북에서는 광고가 거절되는 사례로 아래와
같은 예시를 들었습니다.

페이스북에서 명시한 광고 거절 사례 예시

'암 진단을 받으셨나요? 저희 병원에 치료 받으러 오세요.'
'우울증 치료에 지쳤다면 무료 테라피 세션을 문의하세요.'

사람들은 내 이야기라고 생각되면 호기심을 가지고 주의를 기울
이는 특성이 있습니다. 그래서 많은 마케터들은 광고를 만들 때 광고
를 보는 사람들이 '내 이야기'처럼 생각하도록 만들지요. 하지만 페
이스북에서는 그렇게 광고하실 수 없습니다. 그런 광고는 사람들의
사생활을 침해하거나 마음에 불편함을 줄 수 있다고 생각하기 때문
입니다.

실제 작작랩에서 진행했던 인스타 코칭을 받은 원장님 한 분께서
는 '초등 4학년 자녀를 둔 학부모님이신가요?' 라는 문구를 사용했
다가 광고를 거절당했습니다. 그 광고의 내용은 초등 4학년에게 도
움이 되는 정보를 전달하고 있어서 4학년 학생들을 특정한 건데요,
문구 하나 때문에 광고 거절을 당하셨습니다. 물론 그 문구를 수정한

후에는 광고 심사를 통과하셨죠.

그리고 가끔 '페이스북이나 인스타그램 로고'를 사용했다가 광고를 거절당하는 원장님들도 계십니다. 페이스북과 인스타그램은 자사의 브랜드를 매우 소중하게 생각합니다. 광고 이미지 내 자신들의 브랜드를 사용하거나, 자신들의 상표를 무단 변경하여 사용하는 경우 광고가 거절됩니다. Facebook이라는 단어를 facebook이라고 첫 문자를 소문자로 사용하는 행위도 광고 거절 사유이니 얼마나 자신들의 브랜드를 중요하게 여기는지 상상이 되시죠? 꼭 필요한 경우가 아니라면 광고 이미지 내에서 페이스북과 인스타그램의 로고는 사용하시지 않는 편이 안전합니다.

광고가 거절당했다고 해서 걱정하지 마세요. 새롭게 수정해 다시 올리시면 됩니다. 실제 광고를 여러 번 실행해 보니 어처구니 없는 일들도 발생합니다. 두 개의 광고에 색감만 다르게 하고 모든 조건이나 카피는 똑같이 하고 광고를 했는데, 하나는 잘 돌아가고 다른 하나는 거절되었던 사례도 있었어요. 일단 먼저 원하는 광고를 만드신 후, 광고가 거절되면 그때 다시 수정하세요. 광고를 만들기 전부터 거절당할 걸 염두에 둔다면, 멋진 아이디어가 나오지 않을 수도 있으니까요.

랜딩 페이지의 중요성

학원 인스타 광고라면 보통 광고 목표를 '웹사이트 방문'으로 설정하실 겁니다. 앞에서도 말씀드렸다시피 사진과 영상만 있는 인스타보다는 호흡이 긴 블로그 글에서 고객을 설득하는 게 더 유리하기 때문이에요.

앞서 광고 설정에 관해 설명 드릴 때 언급을 했었는데요, 광고 세팅에서 설정하는 '웹사이트'를 마케팅 용어로는 '랜딩 페이지(landing page)'라고 합니다. 비행기가 착륙(landing)하는 것처럼 광고를 클릭한 사람들이 내가 설정한 웹페이지에 떨어지기 때문에 랜딩 페이지라고 부릅니다.

인스타 광고의 목적은 고객을 설득하는 것이 아니에요. '사람들을 랜딩 페이지로 데려오는 것'이 목적입니다. 거기까지 하면 광고는 제 할 일을 다 했습니다. 그 이후의 고객 설득은 '랜딩 페이지'에서 진행됩니다. 그래서 이 랜딩 페이지는 매우 중요해요. 랜딩 페이지에 대한 설명은 한 챕터를 다 할애해도 모자랄 만큼 많지만, 여기서는 원장님들이 가장 많이 하시는 실수 3가지만 짚어드리려고 합니다.

인스타 광고의 끝과 랜딩 페이지의 시작은 내용이 연결되어야 합니다.

일단 랜딩 페이지는 시작이 가장 중요합니다. 광고에서 하던 이야기를 계속 이어나가야 합니다. 그렇지 않으면 사람들은 '어? 이게 뜬금없이 무슨 이야기지? 낚시 하는 거 아니야?'라고 생각하며 바로 이탈하게 됩니다.

광고와 별개로 랜딩 페이지를 구성하다 보면 기승전결에 맞추어 이야기를 풀어가거나, 도입부를 강렬하게 시작하는 경우가 종종 있습니다. 그러다 보면 광고에서 하던 이야기는 중간쯤에 위치하고, 인트로에는 다른 이야기가 들어가게 되지요. 하지만 고객의 입장에서 생각해 보세요. 1초 전에 내가 클릭한 광고의 내용과 랜딩 페이지의 내용이 다르다면 어떨까요? '이건 무슨 이야기야?'하며 끝까지 읽기보다는 속았다고 생각해 바로 이탈하는 경우가 더 많을 겁니다. 꼭! 랜딩 페이지의 첫 부분은 광고에서 하던 이야기와 결을 맞춰 주세요.

랜딩 페이지는 특정(상세) 페이지로 연결하셔야 합니다.

랜딩 페이지는 메인 페이지가 아니라 특정(상세) 페이지로 연결하세요. 종종 랜딩 페이지를 원장님의 블로그 주소로 하는 경우가 있어요.

이는 블로그든 자사 홈페이지든 똑같습니다. 메인 페이지로 연결하게 되면 사람들은 무엇을 봐야할지 몰라서 헤매다 이탈해 버립니다. 내 광고와 딱 맞는 특정 페이지, 즉 특정 블로그 포스팅으로 연결하셔야 광고를 클릭한 사람들의 궁금증을 바로 해결할 수 있습니다. 원장님들이 바로 이해하실 수 있게 고객의 입장에서 예를 들어 드릴게요.

랜딩 페이지로 사용하는 메인 페이지와 특정 페이지의 예시
블로그 메인 페이지: https://blog.naver.com/sonovember (X)
블로그 특정 페이지: https://blog.naver.com/sonovember
/222213324342 (O)
홈페이지 메인 페이지: www.jakjaklab.com (X)
홈페이지 상세 페이지: www.jakjaklab.com/32 (O)

원장님은 인스타 광고에서 귀엽고 예쁜 귀걸이를 봤습니다. 더 알아보기 버튼을 클릭하니 그 회사 홈페이지의 메인 페이지로 연결됩니다. 홈페이지 상단에서 귀걸이 카테고리를 클릭하고 열심히 스크롤을 내렸지만 내가 아까 본 그 귀걸이는 안 보이네요. 스크롤 몇 번 내리다가 이 정도로 열심히 찾을 만한 귀걸이는 아닌 것 같아서 그냥 쇼핑몰 페이지를 벗어납니다.

어떠세요? 한 번쯤은 경험이 있지 않으신가요? 특히 이런 경우는 큰 쇼핑몰이 아니라 개인이 운영하는 쇼핑몰에서 광고를 할 때 많이 봅니다. 이는 블로그를 랜딩 페이지로 사용하실 때도 똑같습니다. 블로그의 메인 페이지를 랜딩 페이지로 연결하면 사람들은 무슨 글을 찾아서 읽어야 할지 몰라서 고민하다가 나가버립니다. 내가 광고하는 콘텐츠와 결을 맞춘 특정 포스팅 주소를 랜딩 페이지로 지정하세요.

랜딩 페이지는 지속적으로 업데이트하세요.

인스타에서 광고가 집행되고 있을 때 인스타에 올린 광고 피드는 수정이 불가합니다. 하지만 랜딩 페이지로 사용한 블로그 포스팅은 내용을 수정하실 수 있습니다. 블로그는 내용을 수정한다고 해서 URL이 바뀌지는 않기 때문이에요.

랜딩 페이지는 한 번 써 놓고 끝이 아닙니다. 고객들의 반응을 담아 지속적으로 업데이트하셔야 합니다. 특히 광고가 시작된 후, 고객들이 자주 묻는 질문이 있거나 요청 사항 있다면 그 내용을 랜딩 페이지에 담아주세요.

예를 들어, 중3을 위한 방학 특강을 인스타 광고로 돌렸는데 고객들이 '레벨 테스트 없이 특강을 신청할 수 있나요?'라고 물어본다면, 그 내용을 랜딩 페이지에 적어주시면 좋습니다. 그 내용이 궁금했지만 미처 물어보지 못한 고객들에게 좋은 정보가 될 수 있으니까요.

랜딩 페이지를 지속적으로 업데이트하다 보면 원장님의 일손을 덜어주는 페이지가 됩니다. 고객들에게 같은 대답을 반복할 필요가 없고, 그들의 사소한 궁금증까지 해결해줄 수 있습니다. 또한 랜딩 페이지를 통해 충분한 정보를 얻고 어느 정도 마음의 결정이 선 사람들이 학원에 연락을 하게 되어 상담이 더욱 수월해집니다. 신규 등록으로 이어지는 확률도 높아질 거예요.

단, 여기서 원장님이 결정해야 할 사항이 한 가지 있습니다.

만약 '나는 아주 사소한 질문을 물어보는 사람일지라도 직접 연락을 많이 받는 게 좋아!'라고 생각하신다면 랜딩 페이지에 모든 내용을 적어두시면 안 됩니다. 사람들이 원장님께 연락을 할 수 있게끔 궁금증을 유발하고, 일부 정보를 일부러 누락하셔야 해요. 랜딩 페이지를 업데이트할 때도 고객들의 니즈를 전부 반영하기보다 적당히 반영하시는 것이 좋죠. 그럼 궁금한 사람들이 연락을 해 올 거예요.

하지만 '나는 그냥 사람들에게 정보를 다 오픈해서 진짜 하고 싶은 사람만 연락하도록 할거야!'라고 생각하신다면 랜딩 페이지를 최대한 세세하게 작성하셔야 합니다. 이럴 경우 최대한 고객의 니즈를 반영하여 랜딩 페이지를 업데이트하셔야 합니다.

이 두 가지 중에 정답은 없습니다. 원장님의 사정과 여건에 맞추어 진행하시는 것이 좋습니다.

광고 아이디어가 떠오르지 않을 때

많은 원장님들이 '광고'라는 말에 겁부터 내시는 분들이 많습니다. 하루 종일 고민해 보아도 무슨 내용을 어떻게 담아야 할지 생각이 안 난다고 하시는 분들도 계실 정도니까요. 사실 광고는 어려운 작업입니다. 짧은 순간에 사람들의 마음을 열고 그들을 유혹하는 것이 쉬운 일은 아니에요.

광고 아이디어가 떠오르지 않을 때, 가장 쉽고 빠른 방법은 다른 사람이 만든 광고를 보는 것입니다. 그들은 어떤 단어와 이미지를 사용해 고객을 유혹하는지를 확인하면 좋죠. 실제 고객의 입장에서 광고를 봤을 때 마음이 동하는 광고가 있다면 어떤 부분이 마음에 들었는지를 살펴보고 그 부분을 내 광고에 적용시키면 좋습니다.

하지만 우리가 주변에서 쉽게 볼 수 있는 광고들은 주로 대기업의 브랜딩, 혹은 교육 기업이 아닌 곳들의 광고가 많습니다. 이런 광고들은 벤치마킹하기도 어렵고, 내 학원에 적용할 부분을 찾아내기도 어렵죠.

원장님에게 좋은 광고 아이디어를 줄 사이트를 소개합니다.

페이스북에서는 '광고 라이브러리'라는 웹페이지를 운영하고 있습니다. 이 페이지에 들어가시면 지금 페이스북과 인스타에서 진행되고 있는 광고의 이미지와 문구들을 살펴볼 수 있어요. 또한 키워드를 검색해 내가 원하는 유형의 광고만 찾아볼 수도 있습니다.

페이스북 광고 라이브러리

https://www.facebook.com/ads/library

페이스북 광고 라이브러리 캡쳐

위 캡처 이미지는 페이스북 광고 라이브러리에서 '대한민국'을 지정하고 키워드를 '교육'이라고 넣었을 때 보이는 페이지입니다. 현재 대한민국 페이스북과 인스타에서 진행되고 있는 광고 중 교육이라는 키워드를 가지고 있는 광고를 모아 보여줍니다. 광고주의 계정, 광고 크리에이티브(광고 이미지), 본문 텍스트까지 모두 확인하실 수 있습니다.

키워드 검색뿐 아니라 광고주 검색도 가능하기에 어떤 광고를 하는지 찾아보고 싶은 학원이나 교육 기업이 있다면 그곳의 이름을 검색하시면 됩니다. 현재 그 기업이 페북이나 인스타에서 광고를 진행하고 있다면 바로 보일 거예요.

이 페이지는 '페이스북과 인스타'라는 플랫폼에서만 진행되는 광고를 모아놨기 때문에 좀 더 매력적입니다. 이미지, 레이아웃, 워딩 등 좋은 아이디어를 얻을 수 있는 확률이 높죠. 고객 입장에서 눈길이 가는 광고들을 살펴보시기 바랍니다.

하지만 멋진 광고를 발견했다고 해서 그대로 카피하지는 마세요. 광고가 진행되는 지역, 타겟, 학원의 특성 등이 다르기 때문에 그 광고가 원장님의 학원에 잘 어울리고 효과적일 거라는 보장은 없습니다. 그리고 그 광고가 원장님이 보기에만 좋아 보이는 것일 수도 있습니다. 고객의 눈이 아니라 교육 업체 사장님의 눈으로 보아서 혹하는 광고일 수도 있고, 원장님은 현재 업계 상황을 잘 알고 있기에 그들의 광고 문구가 와 닿을 수 있습니다. 하지만 일반 고객에게는 전혀 와닿지 않을 수도 있어요.

또한 광고 라이브러리에서 보이는 것은 광고의 이미지일 뿐, 광고의 효율이나 성과를 보여주지는 않습니다. 그 광고가 실제 잘 되는지 안 되는지는 광고주밖에 모릅니다.

인스타를 운영하면서 마주하는 광고들을 스크랩해 살펴보는 것은 큰 도움이 됩니다. 평소에 인스타에서 뜨는 광고들을 눈여겨 보세요. 나에게 뜨는 광고들이 '내 학원 광고를 위한 발판'이라고 생각하시면 광고가 뜨는 것이 반가워집니다. 꼭 학원 광고가 아니라도 괜찮습니다. 고객의 입장에서 광고들을 살펴보며 어떤 면이 매력적이고 어떤 면이 반감을 갖게 하는지를 꼭 체크하세요. 그리고 기억하고 싶은 광고가 있다면 '보관' 버튼을 눌러 보관하시면 좋습니다. 나중에 광고를 진행하시기 전에 보관했던 피드들을 살펴보면 좋은 아이디어가 떠오르실 거예요.

눈길을 끄는 광고 시안 만들기

광고는 다양해요. 어디서 어떤 식으로 하느냐, 무엇을 광고하느냐에 따라서도 모두 다르죠. 하지만 광고를 만드는 사람들의 목적은 모두 같습니다. '사람들의 눈길을 끄는 것'이죠.

앞에서도 말씀드렸지만 인스타 광고의 목적은 '사람들을 내가 세팅한 랜딩 페이지로 이동'시키는 것입니다. 고객 설득은 랜딩 페이지에서 하시면 돼요. 나에게 호기심을 갖고, 내 교육에 관심을 갖고, 한번쯤은 연락할 수 있게 세팅을 하는 거죠. 즉, 인스타에서의 광고 목적은 내 교육 상품을 구매하도록 설득하는 게 아니라, 설득할 수 있는 기회를 잡기 위해 눈길을 끄는 것입니다. 사람들의 호기심을 자아내 '더 알아보기' 버튼을 클릭하도록 유도하는 것까지가 인스타 광고의 역할이에요.

보통 원장님들은 광고에서 모든 것을 다 설명하려고 하는 경우가 많아요. 그렇게 하지 마세요. 오히려 광고의 목적이 퇴색됩니다. 광고는 사람들이 다음 내용이 궁금하도록 호기심을 심어주는 정도면 됩니다. 나머지 부연 설명은 랜딩 페이지에서 풀어내세요.

저관여 상품이나 서비스의 경우에는 광고에서 모든 설명을 다 해도 성과가 나는 경우가 있긴 합니다. 하지만 우리는 지금 쉽게 결정을 내리지 않는 교육 서비스를 이야기를 하고 있잖아요. 그리고 손가락으로 한 번 스크롤만 내려도 흥미로운 사진들과 영상이 쭉쭉 뜨는 인스타라는 매체에서 고객의 시선을 잡아야 하고요. 내 광고가 정말 매력적이지 않다면 고객들은 내 광고에 눈길도 주지 않아요. 길고 자세하게 만들기 위해 노력하지 마세요. 짧아도 임팩트 있게 만드시는 것이 더 중요합니다.

내 고객에게 임팩트를 줄 수 있는 광고를 만들려면 어떻게 하는 것이 좋을까요?

작작랩에서는 3주간 학원 인스타의 모든 것을 정비하는 〈그그램 코칭 과정〉과 4주간 학원 인스타 광고 마케팅에 집중하는 〈인광마마 실습 과정〉을 운영하고 있습니다. 이 과정 속에서 실제 현장에서 실패하고 성공하는 학원 광고의 케이스를 수없이 많이 접하고 있습니다. 그러다보니 성공적인 인스타 광고의 공통점을 볼 수 있었어요. 작고 세세한 팁보다는 큰 틀 속에서, 실제 광고 운영을 통해 알게 된 인사이트를 설명해 드리고자 합니다.

내 타겟이 관심 가질 내용

가장 기본적으로는 광고 내용이 내 타겟과 관련이 있어야 합니다. 10대 여자 고등학생에게 절대 새지 않는 기저귀를 광고하면 그들이 신경이나 쓸까요? 50대 기혼 남성에게 에어팟을 꾸밀 수 있는 스티커 광고를 한다면요? 에어팟 꾸미기에 진심인 자녀가 있다면 모를까 아마 큰 관심이 없을 겁니다.

한 발 더 나아가서는 광고의 내용이 내 타겟들에게 도움이 되거나 그들이 궁금해할 만한 내용이어야 합니다. 똑같은 30대라도 어린 자녀가 있는 사람들은 '1달 만에 영어 알파벳 떼기'에 관심이 있지만, 미혼인 사람들은 큰 관심이 없을 겁니다.

너무 당연한 얘기를 하고 있다고요? 학원 케이스로 좁혀서 생각해 볼게요.

교육열이 높은 대치동의 초등부 전문 영어 학원에서 '초등 3학년 1달 만에 알파벳 떼기' 수업을 광고한다면 어떨까요? 교육열이 낮은 지방 소도시의 경우에는, 상대적으로 영어 사교육 노출 시기가 늦어서 이 광고가 적용될 수도 있을 거예요. 하지만 교육열이 높아 대부분의 아이들이 영어유치원을 다니는 그런 지역이라면, '알파벳 수업'이 아니라 '영어 리딩 레벨 빨리 올리는 법'이나 '미국 초등학교와 동일한 과학 실험 수업' 같은 것을 광고하시는 것이 나을 겁니다.

모든 광고는 내 타겟 고객에 맞추어 진행해야 합니다.

활자와 이미지의 높은 가독성

광고는 가독성이 높아야 합니다. 글자가 잘 보이는 것도 가독성이지만 이미지에도 가독성이 있습니다. 이미지가 한눈에 들어오고 전달하고자 하는 내용을 보는 사람들이 바로 이해할 수 있어야 합니다.

먼저 **글자의 가독성**부터 이야기해 볼게요. 글자는 생각보다 신경써야 할 부분이 많습니다. 폰트의 모양, 굵기, 행간, 자간, 색, 배경 색과의 조화 등 모든 것들이 다 적당해야 합니다. 이 부분은 실제 디자인에서 조절하시면서 글자가 잘 보이도록, 한눈에 메시지를 파악할수 있도록 조정하세요. 특히 얇은 폰트, 손글씨 같은 폰트, 디자인이들어간 폰트는 예쁘지만 가독성이 떨어져 추천드리지 않아요.

두 번째는 **이미지의 가독성**입니다. 사진을 사용하시는 경우라면해상도가 높고, 이미지가 잘리지 않는 사진을 사용하시는 것이 좋습니다. 벡터 이미지를 사용하신다면 통일된 이미지들을 사용하시는것이 좋습니다. 예를 들어 메인 이미지에 검정색 테두리 선이 있다면테두리가 있는 이미지들로만 조합하셔야 이미지의 통일성이 느껴집니다. 그렇지 않으면 이것저것 아무거나 갖다 넣은 듯한 산만함이 느껴져요.

또한 광고 내에서 사용되는 이미지는 명확하게 메시지를 전달할 수 있는 것이 좋습니다. 내가 전달하고자 하는 **메시지와 어울리는 이미지**를 사용하세요. 배경에 옅게 깔리는 사진이라고 해도 이미지가 주는 메시지는 생각보다 큽니다. 사람들은 1초 만에 이미지에서 전달하고자 하는 메시지를 읽어낼 수 있어요.

그리고 이미지에서 강조되는 곳(인물의 얼굴이나 메인 이미지 등)에는 글자를 넣지 않는 것이 좋습니다. 이미지와 글자가 겹치면 이미지가 주는 메시지를 제대로 전달하기 어려울 뿐 아니라 글자를 읽어내기도 힘들어집니다. 글자는 이미지와 겹치지 않고 잘 보이는 곳에 배치하세요.

종종 아이들 얼굴을 모자이크하거나 스티커를 붙인 사진으로 광고를 하는 경우를 봅니다. 학원 현장의 모습을 보여주고 싶은데 초상권 때문에 그렇게 하신 거라 생각됩니다. 원장님의 마음은 충분히 이해하지만, 광고를 진행하실 때는 모자이크나 스티커가 없는 사진을 세팅하세요. 아이들의 얼굴에 모자이크나 스티커가 있는 사진보다는 공부하고 있는 뒷모습, 혹은 다른 자연스러운 방법으로 얼굴을 가린 이미지가 훨씬 더 좋은 이미지를 줄 수 있습니다.

내 고객이 반응할만한 단어 사용

내 고객들이 반응할 만한 단어들을 광고에 사용하세요. 그 단어들은 그들이 욕망하는 것, 좋아하는 것, 궁금해하는 것, 이런 단어들을 사용하시면 됩니다.

중고등부라면 '수능 1등급', '내신 완벽 준비' 같은 단어일 수 있겠고, 유초등부라면 '공부 습관', '자기 주도 학습', '창의력' 같은 것들이 있을 수 있습니다. 이 단어는 지역, 과목, 나이대 별로 다 다르기에 내 학원에 맞는 단어를 뽑아내셔야 합니다. 단 이러한 단어로 카피를 만드실 때에는 내 고객들의 시선을 잡아끌 수 있지만, 내 광고를 상업적으로 보이게 만들 수도 있다는 사실을 명심하시고 잘 만들어 사용하시기 바랍니다.

아래는, 영어학원 원장님께서 실제 인스타 게시물로 올리고 광고를 했던 사례입니다. 학생의 얼굴이 나오지 않는데도 불구하고, 게시물 구성과 눈길 끄는 카피를 통해 사람들의 호기심을 자아내고 있어요. 실제 카드뉴스 뒷부분에도 정성스럽게 전교 1등을 만들어 내기 위한 원장님의 노력을 잘 엮어서 넣으셨어요.

결과는 어땠을까요? 매우 좋았습니다.

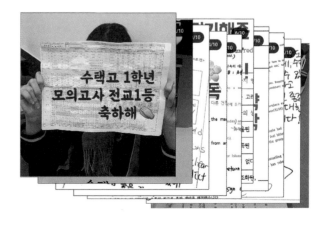

간결하고 명확한 메시지

광고에서는 짧고 간결하게, 그리고 명확하게 메시지를 전달하는 것이 좋습니다. 미사여구를 잔뜩 넣은 문장을 지양하고 핵심을 간결하게 말하세요.

1. 우리 미술 학원에서는 어린이들의 창의력과 상상력을 길러주기 위해 다양한 재료를 사용해 만들기 수업을 합니다.
2. 300가지 재료를 사용해 창의력 상상력 UP! 아이의 두뇌도 좋아지는 미술!'

1번처럼 길게 풀어쓰기보다 2번처럼 학부모들이 좋아할 만한 단어만 남기고 나머지 부분은 짧게 표현하시기 바랍니다. 더 길고 자세한 설명은 랜딩 페이지에서 하시면 됩니다.

내 타겟을 명시

사람들은 내 이야기라고 생각하면 더 관심을 갖는 성향이 있습니다. 특히 지역명 혹은 인근 학교명을 넣은 경우, 클릭율이 압도적으로 더 높았습니다. 그래서 광고에 대상이나 자역 등 내 타겟을 명시하는 단어들을 사용하시면 좋습니다.

1. 영어를 잘하고 싶다면?

2. 원어민처럼 영어를 말하고 싶은 ○○동 초등학생이라면?

1번 문구는 영어라는 과목 외에는 아무것도 표기되어 있지 않습니다. 학생들의 나이는 어떤지, 어떤 종류의 영어인지, 잘하고 싶은 목적이나 목표가 무엇인지, 아무것도 알 수가 없어요. 하지만 2번 문구는 학생의 나이(초등학생), 학원이 위치한 지역(○○동), 세분화된 영어 공부(스피킹), 영어 공부의 목표(원어민처럼)가 명확히 표기되어 있습니다. 초등학생 자녀를 둔 ○○동 학부모라면 저 광고가 마치 내 이야기처럼 느껴질 거예요. 하지만 주의하실 점이 있습니다. 〈인스타그램 광고 정책 제대로 알기〉 부분에서 인스타는 '개인적 특성을 암시'하는 광고를 싫어한다고 말씀드렸죠? 광고 시안을 만드실 때는 사람들로 하여금 내 이야기인 것처럼 느끼게 만들면서도 광고 정책을 위반하지 않는 밸런스를 유지하는 것이 중요합니다.

인스타에는 광고도 많지만 흥미로운 피드도 많습니다. 그 중에서 내 광고가 눈에 띄려면 사람들의 눈길을 사로잡아야 합니다. 그들로 하여금 '어?'라는 반응만 이끌어내도 성공이죠. 멋진 사진과 이미지가 아니더라도 텍스트로 그들의 반응을 이끌어낼 수 있습니다.

혜택은 맨 앞 장에

광고 속에 고객이 받으면 좋은 혜택을 명시하는 경우도 있습니다. 무료 상담이나 레벨테스트, 수강료 할인, 기프티콘이나 교재 증정처럼요. 학부모들이 솔깃할 만한 혜택은 무조건 맨 앞장에 넣으세요. 만약 1장짜리 광고 시안이라면 이 혜택이 잘 보이도록 넣으세요.

보통 카드뉴스로 광고 시안을 작업하시는 원장님들은 기-승-전-결에 맞추어 광고를 제작하십니다. 교육에 대한 이야기를 먼저 하고 보통 마지막에 이런 혜택을 이야기하시는 경우가 많아요. 물론 그 흐름이 나쁘다고 이야기하는 것은 아닙니다. 기승전결에 맞추어 스토리를 풀어야 사람들이 더욱 몰입되니까요.

하지만 기승전결에 맞추려다 첫 장에서 고객의 시선을 잡지 못하면 실패한 광고가 될 수 있습니다. 무조건! 광고 시안 첫 장에는 고객이 관심을 가질 내용을 넣으세요. 그런 의미에서 혜택은 첫 장에 같이 안내하며 넣는 게 좋습니다. 그래야 사람들을 후킹하고, 그들이 끝까지 페이지를 넘길 수 있도록 만드니까요. 기승전결은 두 번째 장부터 배열하시면 됩니다.

이 6가지 요소는 꼭 인스타 광고가 아니라도 온라인 마케팅 전반에서 사용하실 수 있는 요소들입니다. 잘 기억해 두셨다가 좋은 광고

성과를 내셨으면 좋겠습니다.

　마지막 팁을 하나 더 드리자면, 실제 좋은 결과를 낸 학원 광고는 다음 내용을 궁금하게 만드는 카피가 적힌 광고들이었어요. 작작랩에서 인스타 코칭 과정을 들으신 수많은 원장님들의 실제 케이스를 바탕으로 알려 드리는 팁입니다.

광고 성과 분석하기
- 인사이트 & 그로스 해킹

돈을 지불하고 광고를 하면, 인스타는 친절하게 통계 결과치를 보여줍니다. 일반 게시물에도 '인사이트'라는 메뉴를 통해 해당 게시물의 성과를 숫자로 살펴볼 수 있는데, 광고를 하면 '광고 인사이트'라고 해서 더 자세히 보여줍니다. 이 인사이트를 볼 줄 아셔야 해요. 그래야 내 광고가 성공적이었는지 아닌지, 어떤 부분을 개선해야 할지를 알아낼 수 있어요.

인스타에서 광고를 진행하고 난 후에는 꼭 광고 인사이트를 확인해 내 광고의 성과를 분석하세요. 이번 광고를 분석해야 다음에 더 나은 광고를 만드실 수 있습니다. 이 과정을 있어 보이는 말로 표현하면 '그로스 해킹(growth hacking)'이라고 합니다. 고객의 반응에 따라 내 제품이나 서비스를 수정해 나가며 더 좋은 결과를 얻을 수 있도록 하는 것이죠. 고객들의 반응을 바로 확인할 수 있는 광고에서는 이 작업이 반드시 필요합니다.

예를 들어, 같은 종류 광고의 게시물 본문 첫 줄만 다르게 했는데 결과가 확연히 달랐다면, '아하! 고객은 이런 본문 메시지에 더 반응하는구나. 다음번에도 이런 식으로 해 봐야겠어!'라고 나만의 광고 실행력을 업그레이드시킬 수 있어요.

그럼 지금부터 광고 인사이트에서 자주 볼 수 있는 단어들을 살펴볼까요?

광고 집행 후 인스타그램 인사이트에서 확인할 수 있는 단어들

노출

노출이란 내 광고가 사람들에게 몇 번 노출되었는지를 알려주는 수치입니다. 이 수치는 중복해서 카운트 되기에 한 사람이 똑같은 광고를 10번 보아도 10이라고 표시됩니다.

도달

도달은 내 광고를 본 계정의 수입니다. 한 사람이 똑같은 광고를 10번 보았을 때, 노출은 10, 도달은 1로 표시됩니다. 실제 몇 명의 사람들에게 광고가 보여졌는지를 보여주는 수치이기에 꼭 확인하셔야 합니다.

빈도

인스타 인사이트에서는 빈도를 수치로 보여주지 않습니다. 하지만 노출에서 도달을 나누면 한 명이 똑같은 광고를 몇 번 보았는지를 대략 확인할 수 있습니다. 만약 노출이 100이고 도달이 10이라면 1명이 같은 광고를 10번 보았다는 뜻입니다. 이렇게 너무 오래, 같은 광고에 노출되면 고객들이 피로해할 수 있기에 빈도가 너무 높아지기 전에 광고를 종료하시는 것이 좋습니다.

단어 자체는 어렵지 않죠? 몇 명이 몇 번 내 광고를 보았는지를 보여주는 수치입니다. 또한 광고를 집행하면 '외부 링크 누름'이라는 것과 '프로필 방문'이라는 항목에 광고로 인한 클릭율이 표시됩니다. 광고를 분석하실 때는 이 수치까지 함께 확인하시는 것이 좋습니다.

이렇게 말로만 하면 어려울 수 있으니 실제 예를 들어 보겠습니다. 오른쪽 캡쳐 화면을 확인하세요.

도달 2,379 (광고 94%)

도달 ⓘ	
2,379	
도달한 계정 센터 계정 94%(최근 광고)	
노출 95%(최근 광고)	3,093
콘텐츠 상호 작용 ⓘ	**58**
좋아요	39
댓글	10
저장	8
공유	1
프로필 활동 ⓘ	**122**
외부 링크 누름 94%(최근 광고)	70
프로필 방문 80%(최근 광고)	50
팔로우	2

노출 3,093 (광고 95%)

외부 링크 누름 70 (광고 94%)

프로필 방문 50 (광고 80%)

하루 5천 원, 5일 광고를 통해 이런 결과를 얻었습니다.

▽ **도달** ···총 2,379명의 계정에 도달했는데, 그중 94%가 광고를 통해 이뤄졌다는 이야기입니다. 돈을 써서 광고를 했기 때문에, 추가로 2,236개의 계정(2,379의 94%)에도 내 게시물이 전달되었다는 의미에요. 만일 광고를 하지 않았다면, 143명의 계정에게만 도달했을 본 게시물이 더 많은 사람들에게 '광고'라는 표식과 함께 전달되었습니다.

▽ **노출** ···총 3,093건의 노출이 있었는데, 그중 95%인 2,938건은 광고로 인해 노출되었다는 거예요. 위에 보면 광고로 인해 2,236명의 계정에 도달했는데 노출은 그 숫자보다 많은 2,938건이 나오죠? 즉, 일부 사람들에게는 해당 게시물이 2번 이상 노출되었다는 거예요. 한 사람당 한 개의 계정을 가지고 있다고 생각하고 단순하게 평균을 내어 본다면 한 사람이 1.3번 정도 광고를 보았네요. 누구는 1번, 누구는 2번쯤 봤을

겁니다. 많은 사람들에게 잘 퍼져나간 광고입니다.

▽ **외부링크 누름 및 프로필 방문** ⋯2,938번의 광고 노출 중 외부 링크를 누른 횟수가 66번(70의 94%), 프로필에 방문한 횟수는 40번(50의 80%)이네요. 총 106번의 반응이 생겨났습니다. 광고 노출의 1%만 반응해도 다행이라고 이야기하는 마케터들 사이에서 이 광고는 잘된 광고입니다. 노출 대비 3%나 반응을 했으니까요.

이렇게 잘 된 광고가 있다면, 어떤 유형의 게시물(사진/동영상/카드뉴스 등)인지, 어떤 주제(학부모 후기, 비포 애프터 성장 후기, 수업 현장 등)인지, 본문에는 어떤 단어를 썼는지 등을 자세히 살펴보고 기록해 두세요. 그리고 반대로 잘되지 않은 광고도 자세히 살펴보고 기록해 두세요. 두 가지의 경우를 비교해 본다면 내 학원 광고 중에서 잘 되는 광고와 그렇지 않은 광고의 유형을 파악하실 수 있습니다. 이런 과정이 바로 그로스 해킹이라고 생각하시면 됩니다.

여기까지는 어렵지 않죠? 다시 인사이트로 돌아가 조금 더 살펴볼까요? 보통 외부 링크를 누르는 사람들은 광고를 보고 광고 내용에 관심이 생겨서 바로 '더 알아보기' 버튼을 누르는 사람들입니다.

광고 시안 자체가 내 타겟들의 호기심을 이끌어냈다는 뜻입니다. 혹은 그들이 필요한 내용을 정확하게 짚어 냈을 수도 있죠.

반면 프로필 방문을 누르는 사람은 광고를 보고 광고에서 말하는 내용보다 계정 주인이 궁금한 경우가 많습니다. 예를 들어 '영어 학원 고등부 겨울 특강' 광고를 보고, 방학 특강은 당장 필요 없지만 영어 학원이 어디 있는지 궁금한 사람이라면 프로필을 눌러 계정을 확인할 겁니다. 이럴 경우는 프로필 방문으로 잡히는 것이죠.

이 광고의 경우는 외부 링크 클릭이 66(70의 94%), 프로필 방문이 40(50의 80%)입니다. 광고로서 내 타겟의 호기심을 자극하면서도 나에 대해 궁금하게 만든 게시물이네요. 잘 된 광고라고 말할 수 있습니다.

만약 외부 링크 클릭이 프로필 방문보다 월등하게 높다면 어떤 뜻일까요? 광고를 정말 잘 만들어서 사람들이 바로 랜딩 페이지로 넘어갔거나, 계정주와 상관없이 광고에서 전달하고자 하는 내용이 궁금했을 수 있습니다. 작작랩의 인스타 코칭을 받은 원장님 중 한 분은 '서울대'라는 단어 하나로 엄청난 외부 링크 클릭을 불러 온 광고를 만드신 분이 계십니다. 사람들의 욕망의 언어를 사용했기에 모두 클릭을 한 거라고 생각합니다.

반대로 프로필 방문이 외부 링크 클릭보다 월등하게 높다면, 내가 광고에서 전달하고 했던 내용보다는 '이런 내용을 전달하는 사람은 도대체 누구지?'라며 '나'와 '내 학원'에 대해 궁금하게 만든 것이요. 이렇게 프로필 방문을 누른 후 이탈할 수도 있고, 그 이후에 외부 링크를 누르는 경우도 있습니다. 내가 설정한 랜딩 페이지인 외부 링크를 바로 누르면 좋겠지만, 내 계정을 살펴보게 만들었기에 아주 망한 광고는 아닙니다.

인스타 광고할 때 많이 하는 실수

😀 내 입장에서 내가 하고 싶은 말만 한다. → 고객의 시선과 프레임에서 소통하세요.

😀 광고 속에 너무 많은 메세지를 담으려 한다. → 한 개의 목적에만 집중하세요.

😀 디자인을 예쁘게 만드려고 한다. → 예쁜 거 필요 없어요. 주목성과 가독성이 생명!

😀 광고로 설득하려고 한다. → 광고로는 눈길만 훔쳐 오세요. 설득은 랜딩 페이지에서!

광고가 망한 경우는 노출과 도달은 많지만 외부 링크 클릭도 없고 프로필 방문도 없는 경우입니다. 돈 내고 광고했는데 이런 경우가 있겠냐 싶지만 생각 외로 많습니다. 타겟들이 궁금해할 내용이 아니라 내가 말하고 싶은 내용으로 광고를 할 때 이런 경우들이 생겨납니다. 고객이 무엇을 좋아하는지, 무엇을 원하는지를 전혀 고려하지 않고 내가 할 말만 일방적으로 전달했기 때문이죠.

망한 광고라고 해서 너무 실망하지는 마세요. 망한 광고를 잘 분석하면 다음에는 성공할 수 있습니다. 광고를 업으로 하는 마케터들 역시 매번 광고에서 대박을 터뜨리지 않습니다. 광고란 원래 어려운 작업이에요.

일단 광고가 망했다고 하면 반드시 '고객의 눈'으로 광고를 살펴보세요. 진짜 그들이 호기심을 가질만한 내용인지, 혹은 그들에게 정말 필요한 내용인지를 살펴보세요. 객관적인 눈으로 내 광고를 살펴보기 어렵다면, 나와 친한 사람들에게 광고를 보여주고 피드백을 받는 것도 좋은 방법입니다. 적당히 좋은 말이 아니라 광고에 대한 신랄한 비판을 쏟아낼 수 있는 친밀한 사람들 말이죠. 그 친밀한 사람들이 학원과 관련된 사람이나 전문 마케터가 아니어도 괜찮습니다. 오히려 고객의 눈으로 광고를 볼 수 있어서 더 좋은 피드백이 나올 수도 있어요.

원장님 스스로 광고가 잘 되지 않은 이유를 찾았거나 주변 사람들의 피드백을 받으면, 꼭 그 내용을 바탕으로 기존 광고를 발전시켜 보세요. 아예 새로운 광고를 만드셔도 됩니다. 그리고 다시 한 번 광고를 돌린 후, 인스타 내에서의 사람들의 반응을 살펴보세요.

이 작업은 단 한 번에 완성되지 않습니다. 그리고 한 번 했다고 해서 그만두어서도 안 됩니다. 광고를 돌릴 때마다 사람들의 반응을 체크하고, 광고안을 발전시킬 수 있는 방법을 찾아 조금씩 업데이트하셔야 해요. 이 작업이 바로 그로스 해킹*(growth hacking)*입니다.

그로스 해킹은 전문 마케터들만 하는 행위가 아닙니다. 원장님도 꼭 진행하세요.

Instagram

제7장

모르면 후회하는
추가 기능들

불친절하고 변화무쌍한 인스타 업데이트

이 챕터에서는 학원에서 사용하면 좋을 유용한 기능들을 알려드리려고 합니다. 인스타 기능의 위치나 사용법이 아닌, 그 기능을 어떻게 잘 활용해야 학원 마케팅에 도움이 될 수 있는지에 초점을 맞추어 안내해 드릴 예정이에요.

그 전에 잠깐 인스타라는 서비스에 대해 먼저 이야기를 드릴게요.

첫째, 인스타는 상당히 불친절한 앱입니다.

다양한 기능들이 곳곳에 배치되어 있어 어디에 있는지 찾기 힘들며, 새로운 기능이 업데이트되어도 큰 기능이 아닌 이상 업데이트된 내용을 안내하지 않습니다.

특히 자잘한 기능이 생기거나, 없어지거나, 자리를 이동할 때는 공지 없이 업데이트가 진행됩니다. 특히 새로 생긴 기능들은 여러 번 자리를 옮겨 다니기 때문에 '이 기능이 분명 여기에 있었는데?' 하고 찾아도 나오지 않는 경우가 정말 많습니다. 네이버나 구글에 그 기능을 찾아봐도 고작 1개월 전의 포스팅인데 내가 보는 화면과 다른 경우가 많아요.

둘째, 인스타의 업데이트는 '모든 사람들에게 일괄적으로 적용'되지 않습니다.

사람들을 여러 개의 그룹으로 나누어 한 그룹씩 천천히 업데이트를 적용합니다. 같은 날 같은 시간에 인스타 앱을 열었는데 누구는 A라는 기능이 생겼고, 누구는 아직 그 기능이 없기도 합니다.

셋째, 안드로이드 또는 아이폰에 따라 기능의 위치나 이름이 다릅니다.

안드로이드 유저가 기능을 소개한 포스팅을 보고, 아이폰에서 그 기능을 찾으려면 그 자리에 그 이름으로 없을 수도 있습니다.

참으로 변화무쌍한 인스타죠?

이런 이유로 여기서 소개하는 인스타 기능들은 '어디에 있다'라고 명확하게 안내하기가 어려워요. 실제 이 책에서 소개하는 기능들 역시 여러 번 자리를 옮겨 지금의 자리로 왔습니다.

보통 인스타 기능들은 직관적으로 있을 만한 장소에 배치되어 있습니다. 예를 들어 피드에 관련된 기능은 피드를 올리는 중에, DM과 관련된 답장은 DM 탭에서 확인하실 수 있습니다. 또한 프로필 설정에 가시면 다양한 기능들을 모아서 확인하실 수 있으니 따로 찾지 못하는 기능이 있다면 그 안에서 찾아보시기 바랍니다.

게시물 임시 저장 & 예약하기

교육, 행정, 상담, 그 외 업무로 바쁜 학원에서 인스타 게시물을 올리려면 너무도 많은 방해를 받습니다. 가만히 앉아 하나의 피드를 완성해 올린 적은 거의 없으실 거예요. 이때, 임시 저장 기능을 활용하세요.

인스타 게시물을 올리다가 잠시 멈추고 다른 일을 해야 할 때, '앞으로 돌아가기' 버튼을 눌러보세요. 인스타 피드 왼쪽 상단에 < *(꺾은 괄호 모양)* 표시가 있을 겁니다. 그 버튼을 누르면 팝업 창에 '삭제'와 '임시 저장'이 뜹니다. 여기서 임시 저장을 눌러주면 끝이에요.

원장님이 작업한 그 부분까지 저장이 되어 있어 언제든 불러오실 수 있습니다. 저장한 게시물을 불러오시려면 평소와 똑같이 게시물 만들기를 클릭하세요. 그러면 사진 앨범에 '임시 저장' 탭이 뜹니다. 이 부분을 눌러 저장했던 내용을 불러오실 수 있어요.

학원 업무가 너무 바빠 '특정한 날짜에 게시물을 올려야지'라고 생각하고 깜박 잊어 버리는 원장님들도 많이 계시죠? 이때는 '게시물 예약' 기능을 활용하시면 좋습니다. 특히 원 내 이벤트, 학부모 설명회, 간담회 등 특별한 이벤트가 있을 때 원하는 날짜와 시간에 게시물을 예약하세요. 단, 예약은 29일 이내만 가능합니다.

평소와 똑같이 게시물을 올리시고 가장 마지막 단계에서 '고급 기능' 탭을 찾아보세요. 그 안에 게시물 예약 기능이 있습니다. 게시물 예약 기능을 켠 뒤, 날짜와 시간을 예약하면 끝! 날짜는 현재 시간으

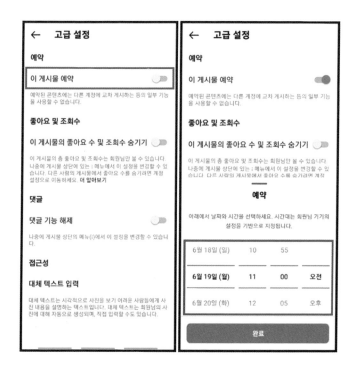

로부터 29일 이내, 시간은 5분 단위로 예약하실 수 있습니다.

　꼭 특별한 이벤트가 아니더라도 예약 기능을 활용하시면 학원 인스타 운영이 쉬워집니다. 주말에 서너 개 미리 피드를 만드신 후, 월/수/금 이런 식으로 미리 예약을 걸어보세요. 주중에 피드를 올려야 한다는 압박 없이 편안하게 인스타를 운영하실 수 있습니다. 그리고 자투리 시간에 인스타에 접속해 '좋아요'를 누르거나 답글에 응대하면 원장님의 시간을 알차게 활용하실 수 있습니다.

스토리에 걸어보자, 외부 링크

인스타는 외부 링크에 매우 인색합니다. 인스타는 자신의 유저들이 인스타 앱 안에서 오랜 시간을 보내기를 원해요. 그리고 다른 곳으로 빠져나가는 것을 매우 싫어하죠. 그래서 인스타 피드에는 URL을 넣어도 클릭이 되지 않습니다. 인스타 앱상에서 공식적으로 링크를 걸 수 있는 곳은 딱 2곳입니다.

첫 번째는 '**프로필 링크**'에요. 그나마 지금은 여러 개의 링크를 입력할 수 있지만, 예전에는 딱 1개의 링크만 입력이 가능했습니다.

두 번째는 스토리 내의 '**링크**' 스티커를 이용하는 방법입니다. 이 기능을 잘 사용하시면 내 고객을 내가 원하는 곳으로 이동시킬 수 있습니다. 학원에서 진행하는 이벤트, 학부모 설명회, 내년 학기 시간표 안내 등 다양한 이벤트에 사용하실 수 있어요.

스토리는 24시간 후에는 사라져 버리지만, 하이라이트로 묶어 놓으면 내 프로필에 계속 남아 있게 됩니다. 원하는 링크를 계속 게시할 수 있어요.

현재 이 스토리 링크 스티커 기능은 아무나 사용이 가능하지만, 2021년 상반기만 해도 팔로워가 1만 명이 넘는 계정만 사용할 수 있었던 기능입니다. 심지어 이 당시에는 프로필 링크에 허용되는 외부 링크도 딱 1개만 가능해서, 많은 인플루언서들이 1만 명을 넘기기 위해 노력을 했었지요. 특히 공동구매를 진행하는 상업용 계정의 경우에는 돈을 주고 팔로워를 살 정도로 강력하게 원하는 기능이었습니다. 현재 인스타는 이 기능을 모든 유저들에게 오픈했고 지금은 모두가 잘 사용하고 있습니다.

스토리를 올릴 때, 상단에서 '스티커' 탭을 눌러 '링크' 스티커를 찾아보세요. 그 '링크' 스티커를 선택한 후, 내가 원하는 URL을 입력하고, 스토리 화면 내에서 내가 원하는 곳에 배치하기만 하면 됩니다. 매우 직관적이라서 사용하기 쉽습니다.

인스타그램 스토리는 24시간이면 사라지고, 사라진 스토리는 타인이 확인할 수 없습니다. 하지만 내 팔로워들의 홈 탭 상단에 뜨기 때문에 일반 게시물 피드보다 더 주목성이 높아요. 원장님이 팔로워들에게 널리 알리고 싶은 이벤트나, 특정 웹사이트로 이동시키기를 원할 때는 꼭! 스토리에서 외부 링크 기능을 사용하세요.

맨 앞으로 게시글 고정 기능

블로그는 공지 메뉴가 있지만, 인스타는 그런 기능이 없습니다. 대신 내가 원하는 게시물을 피드 맨 앞으로 고정할 수 있어요. 시간이 지나면 오래된 게시물은 뒤로 밀려나 찾기가 어려운 인스타그램의 특성상, 중요한 피드들이 있다면 하이라이트에 올려두는 분들이 많았습니다. 이제는 고정 기능을 활용해 맨 앞에 고정하세요. 단, 3개의 게시물만 고정하실 수 있습니다.

고정시키는 3개의 피드는 다양한 게시물들을 고정할 수 있지만, 고객들이 가장 궁금해하는 것들을 피드로 만들어 고정하시면 좋습니다. 예를 들면 학원의 시간표, 오시는 길, 원장 소개, 커리큘럼 소개, 학원 방문 상담 예약하는 법 등이 있을 수 있습니다. 혹은 DM으로 고객들이 많이 물어보는 것들을 Q&A 형식으로 제작해 고정하셔도 좋습니다.

이때 고정시킬 3개 게시물을 어느 정도 비슷한 디자인으로 제작하시면 피드에 통일감을 주실 수 있습니다. 예를 들어 같은 디자인의 게시물을 빨강, 파랑, 초록 등 3가지 색으로 만들면 어느정도 통일성을 가져가면서 다른 느낌을 주실 수 있습니다.

혹은 3장의 이미지가 하나로 이어지도록 배치하여 온라인 배너를 거는 것처럼 고정하시는 것도 하나의 방법입니다. 단, 이렇게 제작하시는 경우에는 게시물을 고정한 게시물들을 하나씩 변경하거나 업데이트하기가 어려워 3개를 한 번에 작업해야 하는 경우가 생길 수 있습니다.

사실 상단에 고정하는 게시물은 예쁘게 피드를 꾸밀 수 있는 게시물보다 '원장님의 일을 덜어주거나', '내 고객들이 나에게 호기심을 가질 수 있는' 게시물을 올려 주시는 것이 좋습니다. 고객들의 궁금함을 해결하면서 원장님의 일손을 덜 수 있는 피드를 찾아 보세요.

게시물 외에도, 릴스 역시 릴스 탭에서 별도로 3개까지 고정이 가능하니 사람들이 많이 봤으면 하는 릴스 영상이 있다면 고정 기능을 활용하시기 바랍니다.

인스타 '좋아요' 수 안보이게 하기

인스타는 소셜 미디어라는 특성에 맞게 타인들과 소셜 반응을 하라고 독려합니다. 하지만 그 독려가 피곤할 때가 많죠? 아마 그중에서 원장님을 가장 피곤하게 하는 건 바로 '좋아요' 숫자일 겁니다. 집착하지 않으려고 해도 '좋아요' 숫자가 너무 적으면 계속 마음에 남는 건 사실이에요.

대체로 학원 인스타 계정에는 팔로워 수에 비해 '좋아요'가 적게 찍힙니다. 그래서 많은 원장님들이 이 '좋아요' 수를 높이기 위해 노력을 하고 계세요. 같은 프랜차이즈 학원끼리, 혹은 개별적으로 참여하시는 원장님들 모임에서 '좋아요' 품앗이를 하시는 분들이 많으시죠.

원래 사람들은 상업용 계정에 '좋아요'를 남기는 것에 인색합니다. '좋아요' 목록을 확인하면 누가 이 게시물에 '좋아요'를 눌렀는지 다 보이기 때문입니다. '좋아요'를 눌렀다는 그 자체의 행위가 누군가를 지지하는 듯한 생각이 드나봐요. 그러다 보니 상업용 계정에는 쉽게 '좋아요'를 더 누르지 않는 것 같습니다. 또한 그 목록을 통해 불특정 다수의 타인이 내 계정으로 유입될 수 있기에 더 신경 쓰일 겁니다.

아마 원장님도 개인 계정으로 피드를 둘러보실 때는 진짜 재미있거나 감동적이거나 도움이 되는 정보가 아닌 이상 '좋아요'를 남기지는 않으실 거예요. 그러니 내 학원에 '좋아요'가 많이 찍히지 않아도 너무 아쉬워하시거나 고민하지는 마세요. 정상입니다. 그래서노벰버의 계정도 강의 공지 같은 상업적인 게시물에는 '좋아요'가 덜 찍히는 반면, 원장님께 도움이 될 정보성 콘텐츠나 제가 무언가 노력하는 과정을 담은 게시물의 경우에는 상대적으로 '좋아요'를 더 많이 받습니다.

게다가 한 번 '좋아요'를 누르면 인스타 AI가 계속 그와 비슷한 피드를 보여주거나 비슷한 제품을 보여줍니다. 그냥 한 번 '좋아요'를 눌렀을 뿐인데 내가 좋아하는 것들이 탐색 탭에서 사라지고 이상한 것들만 뜨는거죠. 그래서 인스타의 로직을 잘 아는 사람들은 '좋아요'를 잘 누르지 않습니다. 좋아하지도 않는 피드에 의무감으로 '좋아요'를 누르면 귀찮은 일들을 많이 생긴다는 것을 잘 아니까요.

학원 계정에 '좋아요' 수가 너무 적어 걱정이라면 '좋아요' 개수가 보이지 않게 설정하시는 것도 좋은 방법입니다. 게시물 오른쪽 상단에 보면 점 3개가 있습니다. 클릭해 보시면 '좋아요 수 숨기기'라는 버튼이 보이실 거예요. 그 버튼을 누르면 '좋아요' 수가 바로 보이지 않게 됩니다. 단, '좋아요'를 누른 계정 중 1개 계정은 표시가 됩니다. 하지만 '좋아요' 총 개수를 확인하거나 '좋아요'를 누른 사람들의 목록을 확인할 수는 없어요. 물론 계정 주인은 '좋아요' 수와 목록을 확인할 수 있습니다

그렇기에 맞방(나에게 '좋아요'를 눌러준 사람에게 찾아가 '좋아요'를 눌러주는 것)도 가능합니다.

인스타 설정에 보면 '좋아요 숨기기' 기능이 있습니다. 이 버튼은 내 계정의 '좋아요'가 아니라 타 계정의 '좋아요'를 숨겨주는 기능이니 이 기능은 사용하지 마세요. 내 계정의 '좋아요' 수는 남들에게 보이지만, 다른 계정들의 '좋아요' 수는 내가 확인할 수 없어요.

도대체 이런 쓸모 없는 기능을 왜 만들었냐고요?

이 기능은 '좋아요' 수에 민감한 사람들이 나와 타인을 비교하지 않도록 만든 기능입니다. 내 '좋아요'와 타인의 '좋아요'를 모두 숨겨버리면 인스타에서 아예 '좋아요' 수가 보이지 않게 되지요. 훨씬 더 마음의 부담 없이 인스타그램을 사용하실 수 있습니다.

계정을 막 만들었을 때는 '좋아요'를 숨기고, 어느 정도 계정이 크고 난 후에는 '좋아요' 수를 공개하는 것도 하나의 방법입니다. 내 계정 상태에 맞게 이용하세요.

PC로 하는 인스타

인스타는 PC가 아닌 모바일 앱으로 기획되고 시작된 플랫폼입니다. 고객의 편의를 위해 웹 버전도 제공하고 있지만, 모바일 기준으로 시작된 플랫폼이라서 웹 상에서 앱의 모든 기능을 다 구현하지 않고 있습니다.

인스타 웹은 '컴퓨터에 있는 사진을 핸드폰으로 옮기지 않고 편하게 올릴 수 있다' 혹은 'PC에서 편하게 타이핑을 해서 게시물을 올릴 수 있다' 정도의 기대만 가지고 사용하시면 좋습니다. PC에서 인스타를 하는 장점도 있지만 불편한 부분도 상당히 많아요. 최대한 앱을 사용하시고, 웹에서는 최소한의 기능만 사용하시는 것을 추천드립니다.

인스타 웹 버전에 한번 접속해 볼까요? 아래의 주소로 들어가 로그인을 하시기 바랍니다.

https://www.instagram.com/

로그인하면 왼편에 '만들기' 버튼이 있습니다. 그 버튼을 눌러 게시물을 올리실 수 있어요. 인스타 앱에서 게시물을 올리는 것과 비슷해서 쉽게 게시물을 올리실 수 있습니다.

웹에서 게시물을 올릴 때에도 앱에서 사용할 수 있는 기능을 다 사용할 수 있는 것은 아닙니다. 사진 보정 필터와 위치태그 정도만 사용하실 수 있습니다. 그 외의 모든 기능들은 앱에서만 사용 가능합니다.

학생들의 수업 사진이나 현장을 담아내는 영상들은 핸드폰으로 많이 촬영하실 거예요. 그래서 휴대폰으로 바로 접근 가능한 앱을 사용하시는 편이 훨씬 편리합니다. 하지만 카드뉴스나 영상 편집 같은 것은 PC로 많이 제작하시죠? 그런 종류의 콘텐츠는 웹으로 올리는 편이 빠르고 간편합니다.

원장님의 콘텐츠 성향에 맞추어 앱과 웹을 번갈아가며 사용하시기 바랍니다. 훨씬 더 편리하게 게시물을 업로드하실 수 있습니다.

DM에서 저장된 답장 활용하기

인스타에는 '저장된 답장' 기능이 있습니다. 사람들에게 DM 답장을 보낼 때 자주 쓰는 답변을 미리 등록해 두면 클릭 한 번으로 보낼 수 있는 기능으로, 프로페셔널 계정에서만 사용할 수 있는 기능입니다.

'저장된 답장' 메뉴의 위치는 계속해서 바뀌고 있어요. 하지만 설정 부분의 하위 메뉴에 있다는 것만 기억하시면 찾으실 수 있습니다.

우선은 인스타 내 프로필로 들어가 ⋯(우측 상단의 삼선)을 눌러 톱니바퀴 모양의 '설정'으로 이동하세요. 그리고 그 곳에서 '비즈니스 도구'를 찾으세요. 그 안에 '저장된 답장' 메뉴를 보실 수 있습니다.

저장된 답장 메뉴 찾기

프로필 이동 → ⋯(우측 상단 삼선) → 설정 → 비즈니스 도구 → 저장된 답장

위의 경로는 인스타 앱 버전에 따라 바뀔 수 있어요.

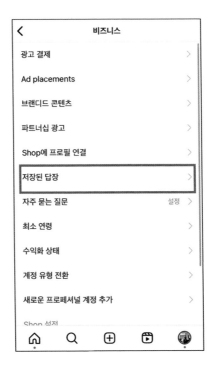

'저장된 답장' 탭으로 들어가시면 가장 먼저 '바로가기' 칸이 나옵니다. 이 '바로가기'는 제목, 혹은 검색 키워드라고 생각하시면 됩니다. 이곳에는 답장의 전체 내용을 포괄하는 단어를 띄어쓰기 없이 적어주세요. '수강료', '상담문의', '레벨테스트', '오시는길'처럼요. 추후 DM 창에서 이 바로가기에 저장한 단어를 클릭하면 바로 답장이 표시되기 때문에 원장님이 여기 적어둔 내용을 바로 떠올릴 것 같은 단어를 적어주셔야 합니다.

그리고 '메시지' 칸에는 고객에게 보낼 전체 메시지를 입력하시면 됩니다. 다양한 외부 URL 링크도 넣어 작성이 가능하기에 편리하게 사용하실 수 있습니다.

고객에게 저장된 답장을 보낼 때는 먼저 채팅창 오른쪽에 있는 말풍선 버튼을 클릭하세요. 그러면 '저장된 답장' 메뉴들이 나옵니다. 그곳에서 내가 입력한 답장 내용을 불러오시면 됩니다. 아이폰과 안드로이드폰의 UI가 조금 다르지만, 채팅창 오른쪽에서 기능을 확인하실 수 있습니다.

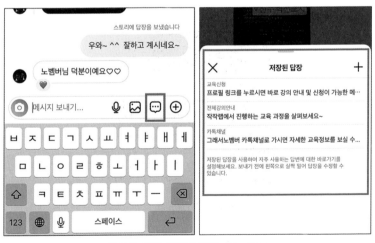

아이폰 기준 저장된 답장 메뉴 예시

컬렉션 기능으로 피드 저장하기

인스타 게시물 하단에는 하트, 대화창, 종이비행기, 북마크(책갈피) 모양의 아이콘이 존재합니다.

그 중 북마크 아이콘은 컬렉션(collection)이라고 불리는데, 내가 다시 보고 싶은 게시물을 저장할 수 있습니다. 블로그의 스크랩 기능이라고 생각하시면 됩니다. 인스타의 특성상 예전 게시물을 찾기가 쉽지 않아요. 하지만 종종 나중에 또 보고 싶게 만드는 게시물들이 있습니다. 정보성 게시물일 수도 있고, 경쟁자의 이벤트 소식일 수도 있습니다. 이때 컬렉션 기능을 이용해 게시물을 저장해 놓으면 원할 때 언제든 다시 살펴볼 수 있습니다. 하지만 게시물 원작자가 추후에 피드를 삭제하거나 숨기면 나에게도 보이지 않게 됩니다.

새로운 피드를 컬렉션 기능으로 처음 보관하게 되면 '모든 게시물'이라는 곳에 피드가 보관됩니다. 그리고 그 이후 저장하는 모든 게시물들이 같은 폴더에 들어가게 됩니다. 이 때, + 버튼을 눌러서 폴더를 생성할 수 있고, 폴더별로 게시물을 따로 나누어 저장할 수 있습니다. 직관적으로 사용할 수 있도록 아주 쉽게 되어 있어 편하게 사용하실 수 있습니다.

학원 인스타에서 컬렉션 기능을 사용하실 때는 폴더를 여러 개로 나누어 사용하시기 바랍니다. 예를 들어 〈경쟁 학원 광고〉, 〈학원 이벤트〉, 〈수능 정보〉, 〈책 정보〉 등으로 폴더를 생성하여 게시물들을 따로 저장하면 추후에 살펴볼 때 매우 편리합니다. 또한 이런 식으로 참고하고 싶은 게시물들을 정리하다 보면 내가 좋아하는 피드의 공통점이나 나의 취향을 발견할 수 있습니다. 게시물을 정리하는 것만으로도 내 학원 계정을 다시 한 번 생각하고, 나아갈 방향을 찾게 됩니다.

특히 두고 두고 봐야 할 정보성 피드는 꼭 저장하길 추천드립니다. 자극적인 콘텐츠가 계속 올라오는 인스타그램에서는 방금 전에 보았던 내용도 기억을 못하는 경우가 많습니다. 그리고 예전에 봤던 피드를 다시 찾으려 해도 찾지 못하는 경우도 많습니다. 지금 당장 보지 않더라도 중요한 내용이라 생각되면 꼭 저장을 해 두세요.

혹시 내가 저장한 피드가 원작자나 다른 누군가에게 노출될까 걱정되어 사용하지 않으셨다면 안심하세요. 이 저장 기능의 경우, 피드 원작자도 누가 저장을 했는지 모릅니다. 저장한 사람들의 숫자만 표시될 뿐 누가 저장했는지는 보여지지 않습니다. 혹시 추후에는 인스타그램의 기능이 바뀌어 누가 저장했는지 볼 수 있을지도 모르지만, 현재는 누가 저장을 했는지 모릅니다*(2024년 3월 기준)*.

좋은 피드를 많이 보고, 많이 생각하다 보면 내 피드도 자연스럽게 발전하게 됩니다. 내 학원 계정의 발전을 위해 저장 기능을 활용하세요.

에/필/로/그

지금까지 신입생 모집이 필요한 원장님들의 인스타에 대한 많은 이야기를 드렸습니다. 어떠셨나요? 인스타에 대한 새로운 시각과 나도 할 수 있다는 자신감이 생기지 않으셨나요? 동시에 '이걸 다 알고 적용해야 한다고?'라는 생각에 고민이 깊어지셨을지도 모르겠습니다.

처음에도 말씀드렸지만 인스타는 '사진 한 장 올리고 글 좀 쓰면 되는' 플랫폼이 아닙니다. 그렇게 재미있고 즐거운 인스타는 개인 계정만 가능해요. 수강생 모집의 무기로 인스타를 활용하려면 끊임없이 노력하고 연구해야 합니다. 하지만 인스타라는 플랫폼은 그 어떤 플랫폼보다 교육 사업에 딱 맞는 플랫폼이니 좌절하지 마시고 계속 이어나가셨으면 합니다.

모든 콘텐츠는 수명이 있습니다. 그리고 그 수명은 생각보다 길지 않아요. 인스타 콘텐츠도 마찬가지입니다. 예전에 인스타가 처음 만들어졌을 때는 화사하고 화려한 색감의 사진들이 인기가 많았습니다. 그러다 점점 색이 빠진듯한 화이트/우드 톤의 사진들이 인기를 얻었죠. 그 다음에는 사진보다는 카드뉴스가 인기였고, 지금은 릴스 영상이 인기입니다. 그렇기에 이 책에서는 인스타 콘텐츠나 인스타의 세세한 기능 소개보다 온라인 마케팅에 도움이 될만한 큰 줄기들을 설명드렸습니다. 인스타의 트렌드를 따라가는 노력은 원장님이 직접 하셔야 합니다. 그리고 원장님의 학원 계정에 직접 적용하셔야 합니다.

온라인 마케팅을 처음 접하시는 원장님이시라면 이 책의 내용이 너무 많고 방대하다 생각되실 수 있습니다. 모든 것을 한 번에 다 해내려고 하시기보다 할 수 있는 부분부터 하나씩 천천히 진행하세요. 책을 옆에 두고 프로필 세팅, 프로필 사진, 피드… 하나씩 진행하다 보면 어느새 멋진 학원 인스타 계정이 만들어질 겁니다.

원장님의 인스타 계정이 신입생 모집에 도움이 되기를 기원합니다.